U0513939

杨媛媛 著

澜沧拉祜族与
新右旗蒙古族
语言使用调查研究

上海古籍出版社

　　国家社科基金项目"新时代民族地区国家通用语言文字推广的理论与实践研究"(21BYY200)、国家语委科研项目"语言政策与铸牢中华民族共同体意识研究"（ZDI145-28）阶段性成果

目　录

绪　　论

　　全球化的加速发展使保护、促进和保存民族语言的必要性变得更加迫切。民族语言作为民族的基本特征之一,是维系民族认同感的媒介,是文化最重要的载体与组成部分,是不可再生的文化资源。每一种民族语言,不论使用人数多少、使用范围大小都是民族灵魂的源泉和文明传承的载体。能否科学地认识新时期少数民族语言的现状,关系到能否根据新的国情制定新的对策和措施,与民族发展繁荣、民族团结、社会和谐密切相关。

第一节　调 研 设 计

一、研究背景和研究意义

（一）研究背景

　　我国少数民族语言现状:少数民族语言的数量多、使用情况复杂。正如中国社会科学院民族学与人类学研究所黄行所说:"中国少数民族语言使用人口极不平衡,使用人口在 5 万人以上的语言只有 35 种,使用人口在 1 万人以上的语言也只有 51 种,而约90%的少数民族语言使用人口集中在壮语、维吾尔语、彝语、苗语、藏语、蒙古语、布依语、朝鲜语、侗语、哈尼语、白语、哈萨克语、傣语、黎语、瑶语 15 种语言中,80%以上的少数民族语言使用人口集中在前

10种语言。"①李宇明提出了急需开展中国语言普查的工作,并明确指出目前我们对中国语言状况了解不够,对语言资源的保护和开发利用不够,语言资源流失严重,许多语言及方言已经衰落或濒危等问题。此外,还提出了解中华语言资源的基本情况,制定切实可行的语言资源保护、开发措施,已经成为当今中国语言规划的当务之急。②

随着汉语的普及和社会的发展,少数民族普通民众对汉语言文字的认同逐渐加强,而对本民族语言的评价逐渐降低。在我国,《中华人民共和国宪法》《中华人民共和国民族区域自治法》《中华人民共和国义务教育法》《中华人民共和国教育法》等法律条文都明确规定了少数民族语言文字的地位、权利、使用范围、规范化、标准化的任务。我国各历史时期的民族语文政策,核心思想都是强调语言平等和语言的自由使用,这是构建我国和谐语言社会的基本保证。构建多语和谐的社会语言生活,已成为新世纪新阶段中国少数民族语言文字工作的目标。

(二) 研究意义

根据《中华人民共和国宪法》和《中华人民共和国民族区域自治法》的规定,在中国,在国家统一领导下,各少数民族聚居的地方实行民族区域自治,设立自治机关,行使自治权;各民族都有使用和发展自己的语言文字的自由。聚居区的民族语言状态相对来说较为稳定,但是不同民族在语言态度、语言活力保持上都有各自的特点,因此,对少数民族聚居区的语言生活现状调查很有必要。

---

① 黄行《少数民族语言分类指导的语言规划》,教育部语用所社会语言学与媒体语言研究室编《语言规划的理论与实践:第四届全国社会语言学学术研讨会论文集》,语文出版社,2006年,第387—392页。
② 李宇明《珍爱中华语言资源》,国家民族事务委员会文化宣传司编《构建多语和谐的社会语言生活:民族语文国际学术研讨会论文集》,民族出版社,2009年。

1. 进一步落实《国家中长期语言文字事业改革和发展规划纲要(2012—2020年)》重点工作"语言国情调查"提出的"少数民族语言及其方言的种类、分布区域、使用人群和使用变化状况普查"的工作任务。对少数民族聚居区语言生活现状调查属于语言国情调查,对我国政府相关部门深入了解少数民族地区语言、文化及教育发展中的实际问题有着重要的意义。调查结果对制定语言规划和教育规划,正确处理汉语与少数民族语言之间的关系以及民族语言工作中的实际问题有一定的参考价值,对维护民族团结有重要的意义。

2. 以部分少数民族聚居区的语言调查为例,制定科学的调查规范(网络版调查系统),并形成可持续补充和完善的语言调查数据库,既能为大规模开展语言普查特别是少数民族语言生活状况普查摸索经验,提供参考实例;也为未来的少数民族语言的深入调查和研究提供基础信息和比较范例。

3. 重视对少数民族聚居区语言生活实际情况的调查,并建立数字化的语言数据库和网络版的调查问卷系统。对少数民族语言生活调查所得的原始数据和材料是全社会共同的宝贵材料,应该共享和进一步利用。在对语音等数据永久保存的同时,也要在不断的调研过程中进行补充和更新,并实现最大范围的利用,确保少数民族语言资源的永久保存和广泛传播应用。

4. 民族语言的前途预示着民族传统文化的前途,保护了民族语言就是保护了民族的传统文化。语言是文化的重要组成部分,凝聚着一个民族的历史记忆和知识、经验以及智慧,具有独特的文化价值和生存空间,对一个民族语言的研究就是对该民族历史和文化的研究。本研究在切实的田野调查分析之后,针对各聚居区的不同情况制定科学可行的对策解决语言保持、语言教育等问题,从某种程度上也是对各聚居地历史和文化的保护,对维护中国文化的多样性有着重要作用。

二、国内外同类研究

从 20 世纪 20 年代开始,中国语言学界的前辈们就用现代语言学的记录方法调查中国的语言。其中包含汉语方言和少数民族语言的调查。新中国成立前的调查由于条件的限制,基本上是比较零碎的、不全面的,也是不系统的。

新中国成立以后,从 1950 年到 1966 年,为进行民族识别和发展少数民族文化教育,国家投入了大量的人力、物力和财力,组织了对我国的汉语方言和少数民族语言的史无前例的大规模调查,对了解少数民族语言文字使用的基本情况、民族识别和创制改进少数民族文字作出了重要贡献。

党的十一届三中全会后,为进一步掌握少数民族语言文字使用情况,有关部门和专家又对一些少数民族语言进行调查,取得了一些新的成果。这一时期的语言调查,无论是在深度还是在广度上,或者是数量和质量上,都远远超过历史上的任何一个时期。1999 年,教育部等 11 个部委联合开展了中国语言文字使用情况调查。当时主要关心的是语言文字的使用现状,没有采录语料,不能了解语言及方言的话语实态,也不能直接解决语音保护等问题。这次调查涉及全国 1 063 个县(市、区),被调查对象 47 万多人,积累了田野调查和问卷调查的丰富经验。

20 世纪少数民族语言调查的成绩主要有:基本弄清了分布在我国境内的少数民族语言种类、分布地域、使用情况、使用人口、方言差异、有无文字、谱系分类等问题;累计调查了超过 2 000 个调研点,对每一种语言或方言的语音、语法、词汇特点进行了详细的记录;为无文字但有需要的民族创制了拉丁字母形式的拼音文字,为文字不完备的民族文字进行了改革或者改进工作;根据不同时期、不同目的的要求,积累了语言结构调查、语言使用调查、语言识别调查、方言调查、社会语言学调查等方面的经验。一些专家在总结过去经验的基础上,编写了一些调查教程或手册,以对少数民族语言调查进行必要的规范,如中国科学院少数民族语言研究所《中国少数民族语言调查手册》,高华年、宋长栋等《少数民族语言调查研究教程》等。

21 世纪以来,越来越多的中国语言学家开始关注少数民族语言研究,并取得了大量的研究成果,如戴庆厦主编《中国少数民族语言文字研究》,王远新《中国民族语言学:理论与实践》,徐世璇《濒危语言研究》,孙宏开、刘光坤《阿侬语研究》,陈宗振《西部裕固语研究》等,既有前沿理论探讨,也有代表性的个案研究,为少数民族语言提供了深入研究的基础。

值得一提的是,由中央民族大学戴庆厦担任总主编的"新时期中国少数民族语言使用情况研究丛书",包括《莫旗达斡尔族语言使用现状与发展趋势》《云南德宏州景颇族语言使用现状及其演变》《云南里山乡彝族语言使用现状及其演变》《勐腊县克木语及其使用现状》《基诺族语言使用现状及其演变》《景洪市嘎洒镇傣族语言文字使用现状及其演变》《云南蒙古族喀卓人语言使用现状及其演变》等,对我国达斡尔族、景颇族等少数民族语言使用情况及其演变规律进行了全面、深入的调查研究,收集、整理和出版了十分有价值的少数民族语言资料,为保存少数民族语言资料和研究做出了不可磨灭的贡献,也为进行大规模的中国语言国情调查提供了很多参考经验。

三、调研点选择

少数民族聚居区是指同一个少数民族居住比较集中的地区,我国大多数的少数民族都有或大或小的聚居区。从整体看,我国民族分布是以汉族为主的大杂居,但由于生活、语言、文化和习惯等关系,许多少数民族又相对集中地居住在一起,形成了一些大小不同的少数民族聚居区,大体是"大杂居小聚居"的形式。民族的杂居区和聚居区只能是相对的概念,在一个特定的区域里,同一个少数民族居住比较集中的是民族聚居区。① 由于不同的民族接触、不同的区域政策等问题,同样聚居的居住格局在不同地区、不同民族的语言实际情况是不一样的。

限于时间、人力、精力等关系,本书选取了两个有代表性的少数民族聚居区,重点进行了语言能力测试、语言使用状况以及语言发展趋势的调查,使用 SPSS 等分析软件对其结果进行科学的分析和研究,并有针对性地制定相关对策建议,形成了规范性的语言调查手册,建立了可补充的少数民族语言生活现状数据库。我们希望在未来的语言调查中逐渐补充、完善数据,用于语言发展的历时比较。民族语言保护是一项长期工作。我们要从现有的民族语言科学保护的角度出发,了解语言生活现状,针对性地提出传承发展举措,使我国的少数民族语言得到真正的发展。

中国的少数民族数量多,民族语言类型丰富,要选取具有一定代表性的调查点是一个难点。调查点既要有典型性也要有一定的共性。因此,必须考虑到语言类型、聚居状况以及已有的研究状况,选择聚居区时还得做到自治区、非自治区兼顾,还要顾及语种大小等关系。经过调研组的综合讨论并结合专家建议,我们考虑在县(旗)内选择民族聚居区作为调查点,按照"以自治地方民族、人口较多民族、世居民族和特有民族为主,兼顾其他民族语种"的原则确定。

调研组最终决定选择云南省(拉祜语)、内蒙古自治区(蒙古

---

① 参看王远新《论我国民族杂居区的语言使用特点》,《民族语文》2000 年第 2 期。

语)作为调查对象。选择原因如下：

1. 南方的云南省民族众多,是一种各自小聚居而形成大杂居的格局,拉祜族是云南省世代居住的 25 个少数民族之一,我国一半以上的拉祜族集中分布在云南省的澜沧县。北方的内蒙古自治区呈现出不同民族杂居但蒙古族占绝对优势的格局,该自治区的蒙古族人口占我国蒙古族总人口数的 68.7%。

2. 这两个民族的语言都属于跨境语言,本书选择的调查点澜沧县及新巴尔虎右旗都处在我国的边境地区。

3. 拉祜语和蒙古语归属不同的语系,语言本体特征相差较大。拉祜语属汉藏语系彝语支,分拉祜纳和拉祜西 2 种方言;蒙古语属阿尔泰语系蒙古语族,分内蒙古、卫拉特、巴尔虎-布里亚特 3 种方言。

4. 我国的蒙古族使用的蒙古文属于传统文字,使用范围较广,使用人口达 400 万,影响较大,蒙古语语言信息化程度较高。拉祜文有新老文字之分,普及情况较差,语言信息处理还未涉及。

四、调研内容

(一) 语言调查

在当代中国 55 个少数民族分布的区域内,以民族类型为主线,选取若干少数民族聚居区,调查各民族在分布区域内的本民族语言及其他语言的掌握及使用情况。围绕司法、行政、教育、大众传媒等领域以及人们日常社会活动的语言使用情况,进行普查性的示范研究,形成少数民族语言生活调查规范,并提供语言政策建议。具体工作如下：

1. 语言基本情况调查

A. 社会人文背景调查

包括行政区域、历史沿革,地理和交通情况,民族关系和婚姻特点,经济形态和生活状况等情况的调查。

B. 语言政策调查

包括现行国家语言文字政策、自治区非自治区民族语言政策、各民族语言政策的调查,本民族人民对语言政策的意愿调查。

C. 语言文字使用情况调查

其中基本情况的调查包括少数民族聚居区语言使用人口数量、不同语种分布等情况等内容,兼语使用的状况,不同年龄段、不同职业掌握母语的水平,语言转用与语言转换的调查。

社会用字用语调查包括语言使用领域、文字使用领域等。

语言态度的调查包括语言认知调查(语言文字的用处、实用功能的评价)、语言认同与母语情感、对语言文字发展的展望、行为倾向的调查等。

2. 语言能力测试

语言能力测试包括词汇测试和话语能力测试。每一种语言调查采集 400 至 500 个常用词,3 至 5 个故事话语材料。在充分考虑一般和特殊情况的基础上,给出规范性的词汇表和话语主题,以测试出被试者真实的语言能力,并发现语音、语法、词汇上的新变化、新规律。调查结果采用录音的方式存档。

为了能在较短的时间内准确地掌握少数民族聚居区不同年龄段的语言使用情况,我们根据拉祜语、蒙古语的特点分别设计了"核心词测试表",其中拉祜族选用了 400 词,蒙古族选用了 500 词。核心词是从两千多个常用词汇中挑选出来的,参考了《拉祜语简志》《蒙古语简志》以及词典等,根据实际的语言特征进行了调整并听取专家建议,最后确定具有代表性,能测试出民族聚居区居民的实际语言能力的词。

3. 文字使用情况调查

有文字的语言包括文字使用的范围、使用人群、文字的掌握情况、文字的使用意愿等调查;还包括文字在中小学、大学的一些系科、出版物、报刊、广播、影视、文艺、科研、行政、立法、司法的应用情况等等。

（二）开发少数民族聚居区语言生活状况调查系统

在信息和传媒技术迅速发展的今天,任何资源及相关信息,如果不能进入数字网络空间,它的社会共享面和利用价值往往是相当有限的。少数民族聚居区语言生活状况调查系统是一个既统一又具有特色的、开放的、动态的、可扩充的资源采录和利用平台。

国内至今还没有建立少数民族聚居区语言生活状况调查的理论规范和实践规程,无标准和规范可依必然会导致调查过程中的随意性,导致调查的结果无法进行统一的数字化处理,调查的资源不能实现进一步的共享,浪费人力、物力和财力。我们需要了解和借鉴国内语言调查中较为成熟的标准和规范,吸取较为成功的实践经验,根据我国的语言国情,进而制定相关的理论规范和实践方式,形成科学的问卷调查系统,供今后的民族语言生活现状的调查使用,直接生产可利用的数据分析和可视化的图表;并能在有网络的情况下实现实时上传,及时更新数据库信息。数据库能够实现的基本功能有:

1. 数据维护模块,对数据库的数据进行修改、维护的功能模块。实现查找、浏览、修改、增删已有数据等功能。系统允许对数据库内的民族语言信息进行修改,可增加新的语言信息,浏览已有信息并选择相应项进行修改,或删除整条语言信息。

2. 查询统计模块,对数据库的数据进行查询和统计的功能模块。实现数据的模糊查询、精确查询、记录统计等功能。

3. 信息导出模块,对查询所得数据进行导出,并实现各类信息的打印输出。

少数民族聚居区语言生活状况数据库建设是一项繁杂而又艰辛、细致的基础工程,每一个环节、每一项任务都需要花费一定的时间和精力,涉及面大。数据库的内容既包括语言本体的调查,也包括了对语言基本情况、语言活力、语言态度等调查,不仅仅对语言学专家有用,也对特定的聚居区少数民族同胞有用,而且当其他人有语言扶持的意愿时,也能成为一种扶持语言的有效手段。

（三）调查结果分析与对策研究

本书力求以翔实的调查数据为基础,通过多角度、多层次的分析,得出较为科学的分析结果;根据分析结果从各民族的实际出发,分类指导,根据不同民族的需求和不同的语言态度,分别制定具体的保护民族语言的对策。对策的制定应强调大局意识,坚持语言平等,保障各民族都有使用和发展自己的语言文字的自由。

五、研究方法

（一）文献法

本书全面搜集拉祜族、蒙古族语言生活的各类文献、年鉴以及调研点地方志、语言简志中的相关内容,国家和各级地方政府的少数民族语言文字政策,以及人口信息、网站信息等国内最新数据信息。

（二）田野调查法

实地调查是获取第一手研究资料的最基本的途径。调查开始前系统地梳理国内外语言使用情况相关理论研究文献;且在各调查点搜集了各类相关的文献资料和口语资料,为本研究的顺利实施以及定性研究提供基础资料和数据;并依据前期文献和访谈资料制定较为科学的调查大纲。实际的调查主要通过问卷调查和深度访谈的方式来完成。现将这两种方法详述如下:

1. 问卷调查

本书根据拉祜族、蒙古族聚居区的语言生活特征,设计了调查问卷。两个点的调查问卷主体内容保持一致,但会根据调查点的实际情况有所增减。例如蒙古族语言文字的信息化程度较高,已有大量的网站和应用软件,聚居区居民使用蒙古语的领域较多。在调查时会增加与信息化相关的问题:

您上网看什么语言的网页?

A. 蒙古语　B. 汉语　C. 其他民族语　D. 外语

您发短信时习惯使用的语言?

A. 蒙古语　B. 汉语　C. 其他民族语　D. 外语

您在博客或者论坛中常使用的语言是?

A. 蒙古语　B. 汉语　C. 其他民族语　D. 外语

您使用 QQ、微信等社交软件吗?

A. 每天使用　B. 经常使用　C. 很少使用　D. 不使用

手机上网常用哪些软件?

A. 聊天　B. 新闻资讯　C. 游戏　D. 音乐　E. 其他

您通过什么语言获得新信息?

A. 蒙古语　B. 汉语　C. 其他民族语　D. 外语

所有调查问卷均采用一对一访谈方式,即调查者逐题询问,被试者回答,确定后由调查员圈选或填写。问卷完成后,先由调查员检查各自的问卷,发现问题及时联系被试者重新询问,确保问卷的有效性。

2013 年调查组在对拉祜族聚居区进行调研时采用纸质版调查问卷;2014 年对蒙古语进行调研时,调研组根据调查的情况制作了电子调查问卷系统,利用计算机技术将问卷内容输入系统,每个问题配有蒙古语的翻译和发音,在调查数据输入后,能进行自动统计并绘制图形,极大地提高了调查和统计速率。

2. 深度访谈

通过访问少数民族语言专家以及所选田野调查点的社会群体

人员,能从不同角度了解少数民族聚居区语言文字的使用情况以及被调查者对待国家通用语言文字及母语的真实态度、看法和建议。

通过对不同对象的访谈,可以了解拉祜族、蒙古族在语言文字政策落实、语言文字教育、社会传媒等重要领域现状。主要访谈了以下对象:

第一,政府部门、教育机构人员。主要对象有澜沧拉祜族自治县人民政府、教育局、民宗局干部以及村镇干部,了解调查当地语言文字的政策、措施以及使用、未来发展规划等情况;新巴尔虎右旗教育局局长及相关领导干部、人民代表大会常务委员会主任及相关干部、民宗局干部及我们调研所到具体镇、嘎查的村干部、组长等,就新巴尔虎右旗的双语教育、社会市面双语用字基本情况及相关政策条例等具体内容进行了深度的访谈和了解。

第二,教师、家长、学生。就少数民族聚居区语言文字教育的相关问题,访谈当地的教师和学生,充分了解教育实施者和接受者对少数民族语言、汉语教育效果的评价和需求。

(三)跨学科研究法

本研究以语言学研究方法为主,结合民族学、人类学、文化学的知识和方法对个案进行综合分析,并通过统计学的相关方法,力求更客观真实地得出科学的结论。在具体的论述中采用比较分析、分层分析和综合分析的方法。基于调查材料基础之上的分析研究则主要采用表格统计、对比分析、文献查证和文化阐释的方法。从多角度、多方位进行研究,既研究普遍存在的共性和个性差异,也研究局部的共性和个性差异。力图全面、客观地反映少数民族聚居区的语言生活情况。

(四)定量分析法

定量分析法是基于对客观数据的特征、关系及变化进行分析的方法。调查所得的大量资料只有通过数量化、概率统计、定量分析才能说明问题,且数理统计的方法更能说明语言变项和社会变项的关系。最后采用 SPSS 数据分析软件来完成。

六、调查进度

前期:2012 年 12 月—2013 年 5 月,搜集资料,选择调查点,设计调查问卷。第一,搜集拉祜族、蒙古族语言研究的文献资料及相关研究成果,全面了解调查点和研究对象的基本情况。第二,综合考虑地理位置、交通、调研时间、经费等条件,确定重点调查点和备用调查点,进行调研点实地考察和试调研。第三,根据研究目的和调查点情况,设计调查问卷,并进行试调查,在试调查中修改并确定最终的调查问卷。

中期:2013 年 8 月 10 日—2014 年 8 月 26 日,实地调查。第一,走访当地相关部门,通过座谈或个别访谈等方式,进一步了解调查点的相关情况。第二,深入调查点,进行一对一访谈式问卷调查,获取当地居民语言文字使用、语言文化传承等相关数据。抽样兼顾性别、年龄、受教育程度等因素,力求代表调查点的整体情况。

后期:2014 年 9 月 30 日—2016 年 6 月 30 日,整理调研成果。第一,统计分析问卷,整理访谈记录;第二,在材料和数据的基础上,撰写调研报告。

第二节　少数民族聚居区调查点概况

我国是一个历史悠久的文明古国,56 个民族在长期的历史发展进程中,创造了丰富的民族文化。语言是文化的载体,也是一个民族的社会标志,是民族的认同符号和区别于其他民族的象征。保持语言的多样性就保护了民族文化的多样性,有助于人类社会的可持续发展。而现代经济的迅速发展加速了我国社会城市化的进程,城镇人口逐渐增长、人口流动频繁、各民族文化相互碰撞、语言环境的变化等原因引起了语言使用的变化,语言和文化的多样性受到了前所未有的严重挑战。

我国各民族分布具有"大杂居、小聚居、交错居住"的特点。我国的少数民族分布在各省区,与汉民族"大杂居";在各省区的少数民族聚居区又各自形成"小聚居";少数民族之间又有"交错居住"的方式:从聚居区内的民族分布情况来看,一个民族自治地方通常包含了两个或多个不同民族的聚居区,我国民族自治地方完全由单一民族构成的聚居区极少。这样的居住格局,使我国各民族之间在长期交往之中形成了"你中有我、我中有你"的关系,有利于中华民族凝聚力、向心力的形成。

中华人民共和国成立后,根据我国多民族的基本国情,采取了一项重要政治制度——民族区域自治制度,是一项将民族和区域因素有机结合起来的制度。我国民族自治地方的行政区划分为自治区、自治州、自治县(旗)和民族乡四级。内蒙古自治区是我国建立的第一个相当于省一级的民族自治地方,在 1954 年颁布的《中华人民共和国宪法》的推动下,又相继成立了新疆维吾尔自治区(1955 年 10 月)、广西壮族自治区(1958 年 3 月)、宁夏回族自治区(1958 年 10 月)和西藏自治区(1965 年 9 月)。截至 2008 年年底,据统计,全国共建立了 155 个民族自治地方,其中有 5 个自治区、30 个自治州①、117 个自治县和 3 个自治旗。我国的 55 个少

---

① 我国的30个自治州分布如下:云南8个,青海6个,新疆5个,四川3个,贵州3个,甘肃2个,吉林1个,湖南1个,湖北1个。

数民族,有 44 个建立了自治地方,据统计:民族自治地方占全国总面积的 64% 左右,实行区域自治的少数民族人口占少数民族总人口的 71%[①]。

我国的民族区域自治主要有以下方式[②]:(1)以一个少数民族聚居区为基础建立的单一型民族区域自治的地方,新疆维吾尔自治区、内蒙古自治区就属于这种方式,以及凉山彝族自治州、延边朝鲜族自治州、张家川回族自治县、巴马瑶族自治县等。高一级的民族自治地方含有低一级别的民族自治地方,例如新疆维吾尔自治区包括了 5 个自治州。(2)以某个人口较多的少数民族聚居区为基础,又包含了一个或几个人口相对较少的其他少数民族聚居区而建立的区域自治的地方,如广西壮族自治区包括了都安瑶族自治县、三江侗族自治县、环江毛南族自治县等人口相对较少的其他少数民族自治县。(3)以两个或多个少数民族聚居区联合建立的民族区域自治地方,如恩施土家族苗族自治州、黔西南布依族苗族自治州等均由两个民族聚居区联合建立而成,双江拉祜族佤族布朗族傣族自治县、广西壮族自治区的龙胜各族自治县、隆林各族自治县等由多个民族聚居区共同建立。

我国的语言具有明显的多样性特征,56 个民族使用的语言分属于汉藏语系、阿尔泰语系、南岛语系、南亚语系、印欧语系五大语系,分布于十几个语族和数十个语支。中国的 56 个民族,使用着 100 多种不同的语言[③]。我国的 55 个少数民族中除了回族、满族

---

① 中华人民共和国国务院新闻办公室《中国的民族政策与各民族共同繁荣发展》,2009 年 9 月,http://www.gov.cn/zwgk/2009-09/27/content_1427930.htm。
② 康耀坤、马洪雨、梁亚民《中国民族自治地方立法研究》,民族出版社,2007 年,第 20—21 页。
③ 戴庆厦《中国的语言国情及语言政策》,《黔南民族师范学院学报》2015 年第 2 期,第 1—6 页。

通用汉语外,其他 53 个少数民族都有自己的民族语言。

我国的语言与民族之间不是一一对应的关系。民族和语言的界限不是很清晰,主要有以下三种语言现象①:"一族一语"(共计38 个民族),如维吾尔族使用维吾尔语,哈萨克族使用哈萨克语,朝鲜族使用朝鲜语;"一族多语(共计 8 个民族)",例如景颇族使用了景颇语、载瓦语等语言;"多族一语"(共计 7 个民族),如现在的回族、满族、畲族等民族的居民大部分都使用汉语。同语言内部方言差异性不同,如维吾尔语、拉祜语、傈僳语等语言之间的方言差异不大,不同方言之间交流基本不受阻碍;而有的语言如藏语、苗语、彝语等语言的方言之间差异很大。

我国是一个跨境语言种类丰富的国家。我国的 55 个少数民族主要分布在边疆,其中属于跨境民族的有 30 个民族,与境外国家的居民使用同一种语言,有的民族可能使用两种以上的语言。我国少数民族语言中属于跨境语言的有:蒙古语、朝鲜语、哈萨克语、柯尔克孜语、维吾尔语、傣语(境外称泰语、掸语或仂语)、景颇语(境外称克钦语)、彝语(境外称保保语)、拉祜语、哈尼语(境外称阿卡语)、京语(境外称越南语)等三十多种语言②。跨境语言突破了国界,但由于语言间的特殊关系也凝聚着特定的族群,形成了特殊的周边关系。跨境语言既是宝贵的语言资源,也是重要的政治资源和安全资源。少数民族语言在其聚居区内处于优势地位,聚居区的民族语言的保护显得尤为重要,是民族语言和文化固守的重要阵地。调查民族聚居区的语言使用情况有着重要的现实意义。

---

① 周庆生《中国的语言、民族与认同》,《语言生活与语言政策:中国少数民族研究》,社会科学文献出版社,2015 年,第 60—68 页。
② 戴庆厦《论跨境语言研究的理论与方法》,《云南师范大学学报(哲学社会科学版)》2009 年第 3 期,第 24—27 页。

一、拉祜族基本情况介绍

（一）拉祜族的族源和人口分布情况

拉祜族是一个勤劳、勇敢、奋进不息的民族,有着悠久的历史文化。拉祜族人称虎为"拉",用火烤着吃为"祜","拉祜"的含义就是用火烤虎肉吃,这个名称反映了拉祜族祖先曾经以狩猎为生[①]。

拉祜族是一个南迁的民族,他的先民"属古代羌人族系"[②],源于古代生活在甘肃、青海一带氏羌部落的民族群体,后来不断向南迁徙。汉晋时期进入甘肃一带,随后南迁进入今四川南部和云南北部,与当时的一些氏羌族群一起被泛称为"昆",过着游猎的生活。大约在唐南诏国至宋大理国时期,被称为"锅锉蛮"的拉祜族先民分东西两路,先后渡金沙江进入今丽江、大理、楚雄一带。约在宋末元初,拉祜纳支系越过澜沧江进入今临沧地区。之后,有部分在明代后期进入澜沧境内。拉祜西支系约于元代至清初相继从楚雄一带进入景东、镇沅、墨江、景谷、普洱一带。18世纪以后,拉祜族因遭重重压迫而奋起抗争,起义失败后,又沿澜沧江两岸迁移至今澜沧、孟连、西双版纳等地,形成今天的格局[③]。1950年春天,滇西南解放,拉祜族人民从此过上了新生活,与各兄弟民族一起走向了社会主义道路。

拉祜族现在主要分布在中国的云南省以及缅甸、泰国、老挝、越南等国。根据2010年第六次全国人口普查统计,我国拉祜族人

---

① 孟连傣族拉祜族佤族自治县概况编写组《孟连傣族拉祜族佤族自治县概况》,云南民族出版社,1986年,第11页。
② 拉祜族简史编写组《拉祜族简史》,云南人民出版社,1986年。
③ 云南省澜沧拉祜族自治县志编纂委员会编纂《澜沧拉祜族自治县志》,云南人民出版社,1996年。

口数为 485 966 人①。中国境内的拉祜族主要分布在云南省的普洱、临沧、西双版纳、玉溪、红河 5 个地州的 22 个县内,其他地州和外省也有部分拉祜族人口。具体的分布情况如下:思茅地区(今普洱市)的景东、景谷、镇沅、墨江、普洱、思茅、江城、澜沧、西盟、孟连;临沧地区(今临沧市)的凤庆、云县、临沧、双江、耿马、沧源等;西双版纳的勐海、景洪、勐腊;玉溪市的新平、元江;红河州的绿春、金平,这些地区都属于拉祜族的主要聚居区②。

　　拉祜人分布的特点是:大分散、小集中。大分散,指的是他们遍布云南省的二十多个县;小集中,就是他们虽与汉、傣、佤、布朗、哈尼、彝等族人民交错而居,但基本上是聚寨而居的。拉祜族主要分为拉祜纳和拉祜西两大支系,两个支系均有共同的信仰和习俗,共同的文化传统,大体同步的社会发展进程,只是在方言和服饰上略有差别。两个支系的人们都自称"拉祜"(la^{53}xu^{11}),都以自己是拉祜族而感到自豪。

　　(二) 拉祜族的语言和文字

　　拉祜语是属于汉藏语系藏缅语族彝语支的一种独立语言,是一种历史悠久的语言,是拉祜族人民的主要交际工具。拉祜族在历史上与各民族长期交往接触,一部分拉祜族能说佤语或傣语,农村多数的基层干部和大部分年轻人都会说汉语。从目前的情况看来,汉语是对拉祜语影响最大的语言。

　　在语音方面,拉祜语一共有 24 个辅音音位:p、p^h、b、m、f、v、t、h、d、n、l、ts、ts^h、dz、s、z、k、k^h、g、ŋ、x、ɣ、q、q^h;9 个元音音位:i、e、ɛ、a、ɔ、u、v、ɤ、ɯ;10 个复元音音位:ia、iu、ua、ei、ai、au、ou、ui、ia、ai。拉祜语有五个舒声调:33、31、53、35、11;两个促声调:21、54。

① 国家统计局《云南省 2010 年第六次全国人口普查主要数据公报》,2012 年 2 月。
② 根据 2000 年第五次全国人口普查数据统计。

存在松紧元音的对立。拉祜语音节大多数由声母、韵母和声调构成，也有少部分元音可以自成音节。复合元音较丰富，主要源于借词。

在词汇方面，其基本词汇与傈僳语的基本词汇最接近，其次是纳西语、彝语，再次是哈尼语、基诺语，与阿昌语、景颇语以及缅、藏语言有同源的亲属关系。在拉祜语的借词中，最多的是汉语词，其次是傣语词，再次是缅语词。各民族之间长期往来，在语言中一定会相互渗透，外来词的进入对语言的发展起着充实丰富的作用。随着社会的发展，拉祜语词汇中的借词特别是汉语借词会日益增多。

在语法方面，据《语言文字百科全书》介绍①，拉祜语以语序和虚词为表达语法意义的主要手段。拉祜语句子成分的基本词序与藏缅语族彝语支其他语言的语序特点，可以说是大同小异，其句子成分的基本结构是"宾动型"，即主—宾—谓。具体来说，主语在前，谓语在后；状语在前，补语在后；状语在谓语之前，有时在谓语之后；补语在谓语之后，有时在谓语之前；定语在它要修饰的主语和宾语之前。数量词在名词中心语之后，动量词在动词中心词之间。人称代词分单数、双数和复数，分近指、远指、更远指、最远指。有些动词用变音、变调区分自动和使动。有些形容词可用变调加助词或只加助词以加深修饰程度和色彩；四音格词较为丰富。

拉祜语分方言和标准语。在《云南省拉祜族文字试行方案》中规定的拉祜标准语以拉祜纳方言为基础方言，以云南省澜沧拉祜族自治县首府勐朗为中心，包括近郊的东岗、班利、糯福等地方圆数十里的拉祜语语音为标准音。澜沧江西岸的凤庆、云县、临沧、耿马、双江、沧源、西盟、澜沧、孟连等县，及景洪市、勐海县的少

---

① 中国大百科全书总编辑委员会、中国大百科全书出版社编辑部编《语言文字百科全书》，中国大百科全书出版社，1994 年，第 202 页。

部分拉祜族,大多属于拉祜标准语分布区。拉祜族根据本民族历史上的自称,以及语言内部在语音、词汇和语法上的差别情况,可分为拉祜纳和拉祜西两个方言区。拉祜语的方言并不复杂,两个方言在语法上基本上一致,差异主要表现在语音和词汇上,但并不突出,只有20%左右的词汇半同或者不同。现今说拉祜纳方言的居民已占本族居民的总人口的80%以上①。

　　拉祜族原无文字,以刻木记事,结绳计数,历史文化的传承都靠口传心授。20世纪初,美国基督教会在糯福传教期间,以澜沧东岗地区的拉祜语音为准,设计了拉丁化的拼音符号,形成了一套拉祜文(老拉祜文),用于传授教义。新中国成立后,为了适应民族文化教育的需要,1953年,在党和政府的关怀下,通过深入调查,制定了一套以拉祜纳方言为基础方言,以拉丁文字为基础的《拉祜文字方案(草案)》,报上级原中央民族事务委员会,并于1957年获批为《云南拉祜族文字方案试行方案》,曾用此出版了小学课本和通俗读物,受到了拉祜族人民的欢迎。后来由于"左"倾路线的影响,拉祜文的推行受到影响,到党的十一届三中全会以后才得到恢复和贯彻。1988年,澜沧县民语委提出了《关于补充完善拉祜族文字方案的报告》,1990年5月获云南省语委同意。自20世纪90年代以来,拉祜文扫盲工作、双语教学以及拉祜文书籍的出版等,一律使用修订后的拉祜语文字方案(试行),在整个拉祜族群体中有着很大的影响②。此外,还有马提索夫以泰国拉祜纳方言为基础而设计的拉祜族文字方案,在拉祜族人民群众中基本没有得到发展和应用,只是在学术交流中起到了一定的作用。这三种文字都属于区域性方言文字。

---

① 刘劲荣编著《拉祜族民间文学概论》,云南民族出版社,1998年,第9页。
② 王正华、和少英《拉祜族文化史》,云南民族出版社,1999年,第222—229页。

二、澜沧县拉祜族及调查点介绍

云南省是一个有着多样的民族文化、复杂的民族语言文字的多民族省份。据 2010 年第六次全国人口普查统计数据①：云南省普查实际登记人口中，汉族人口为 3 062.9 万人，占总人口的 66.63%；各少数民族人口为 1 533.7 万人，占总人口的 33.37%。其中，彝族人口为 502.8 万人，占总人口的 10.94%；哈尼族人口为 163.0 万人，占总人口的 3.55%；白族人口为 156.1 万人，占总人口的 3.40%；傣族人口为 122.2 万人，占总人口的 2.66%；壮族人口为 121.5 万人，占总人口的 2.64%；苗族人口为 120.3 万人，占总人口的 2.62%；回族人口为 69.8 万人，占总人口的 1.52%，傈僳族人口为 66.8 万人，占总人口的 1.45%；拉祜族人口为 47.5 万人，占总人口的 1.03%。同 2000 年第五次全国人口普查相比，汉族人口增加了 242.3 万人，增长 8.59%；各少数民族人口增加了 118.4 万人，增长 8.37%。

除汉族外，共有 25 个少数民族世居于云南省。云南省是全国世居少数民族最多、跨境民族最多、特有民族最多、人口较少民族最多、自治地方及实行民族区域自治的民族最多的省份。25 个世居少数民族中，白族、哈尼族、傣族、傈僳族、拉祜族、佤族、纳西族、景颇族、布朗族、阿昌族、普米族、怒族、基诺族、德昂族、独龙族等 15 个少数民族，80% 以上的人口分布在云南，为特有少数民族。哈尼族、傣族、傈僳族、拉祜族、佤族、瑶族、景颇族、布朗族、布依族、阿昌族、怒族、独龙族、德昂族等 16 个民族属于跨境民族。云南省共有 8 个民族自治州、29 个民族自治县，民族自治地方一共有 78 个县市。云南省的 25 个世居少数民族中，除了回族、水族、满族 3

---

① 国家统计局《云南省 2010 年第六次全国人口普查主要数据公报》，2012 年 2 月。

个民族通用汉语外,其余的 22 个少数民族使用 26 种语言,有 14 个少数民族在历史上共使用过 50 多种不同类型、不同形式的民族文字。

(一)澜沧拉祜族介绍

澜沧拉祜族自治县位于云南省西南部,因东临澜沧江而得名,全县总面积 8 807 平方公里,为云南省面积第二大县级行政区。县境与景谷、翠云、勐海、孟连、西盟、沧源、双江 7 县(区)相邻,西部和西南部有两段与缅甸接壤,国境线长 80.563 公里。地处横断山脉怒山山系南段,地势西北高、东南低,"五山六水"纵横交错。气候属亚热带山地季风气候,雨量充沛,日照充足,冬无严寒,夏无酷暑,干雨季分明。由于地形地貌复杂,海拔高低悬殊,立体气候明显。

澜沧县西汉时属益州郡,东汉至两晋属永昌郡,元朝属木连路军民府(治所孟连),明永乐四年(1406)属孟连长官司(宣抚司)辖地,上隶永昌府、顺宁府。清光绪十四年(1888)正式置镇边直隶厅,隶云南省迤南道。民国二年(1913)改为镇边县,1915 年更改重复县名,以东临澜沧江而更名为澜沧县。1949 年 2 月澜沧解放,4 月建立澜沧区行政专员公署,下辖澜沧、东朗、上允、孟连、溯涛(即宁江)5 县;12 月撤销专员公署,恢复原澜沧县。1953 年 4 月 7 日成立澜沧拉祜族自治区(县级),1955 年改称澜沧拉祜族自治县,是全国唯一的拉祜族自治县。

澜沧县是拉祜族人口最集中,文化最为丰富的地区。2010 年全县总人口为 49.19 万人,少数民族人口为 37.39 万人,占总人口的76.01%。其中拉祜族人口为 20.63 万人,占总人口的 41.94%①。澜

---

① 云南民族宗教网, http://www. ynethnic. gov. cn/pub/ynethnic/mzzzdf/zzx/201506/t20150629_10625.html。

沧县聚集了全世界三分之一、全中国二分之一的拉祜族人口。该县人口在千人以上的世居少数民族有 8 个,包括了拉祜、佤、哈尼、彝、傣、布朗、回等。

（二）调研点概况

根据调查的需要,我们选取了三个较为典型的拉祜族聚居村寨作为调查对象。处在半山区的酒井哈尼族乡勐根村老达保村,是拉祜文化底蕴十分丰富的村寨,对拉祜语及传统文化保持良好。东回乡(今撤乡设镇)是以拉祜族、哈尼族、佤族为主的少数民族杂居乡,相对于其他两个调研点,班利村的拉祜族与其他民族的村民接触较多,且班利村基督教信徒较多,是一个受宗教影响的村寨。勐朗镇位于县境中部,为县政府驻地,勐朗镇的唐胜老寨离政府驻地较近,交通相对便利,这里的人们接触的新事物相对较多。以下是对三个调查点的简单介绍。

1. 酒井乡勐根村老达保村

云南省普洱市澜沧县酒井哈尼族乡勐根村老达保村,属于半山区,位于普洱市澜沧县东南部,距县城 46 公里,距国道 214 线 10 公里,交通、通信便利。年平均气温 23 度,年降水量 1 800 毫米,属亚热带气候。该村面积 12.04 平方公里,海拔 900 米。2010 年全村经济总收入 142.66 万元,农民人均纯收入 1 698 元。该村属于贫困村,村民以种植业为主。全村共 114 户 464 人,其中女性 215 人,占总人口的 46%;现有劳动力 261 人,占总人口的56%,其中男劳动力 123 人,女劳动力 138 人,分别占总劳动力的47%、53%。老达保村共有村民 464 人,其中拉祜族 458 人,占总人口的 98.7%。

这里自然风景秀丽,拉祜族民居建筑特色突出,是拉祜族原始文化保留和传承较为完整、拉祜文化底蕴十分丰富的村寨。老达保村里无论男女老少都能歌善舞,是拉祜族歌舞保留最多的地方。

该村于 2006 年被列为第一批国家级非物质文化遗产传承基地,之后还获得了"第四届新农村电视艺术节——魅力新农村"十佳乡村荣誉称号。

2. 东回乡班利村

东回乡位于澜沧县西南部,距县城 27 公里,是以拉祜族、哈尼族、佤族为主的少数民族杂居乡,总面积为 330 平方公里,全乡辖 6 个村民委员会,61 个自然寨,共 3 355 户,人口 14 291 人。其中拉祜族人口 7 728 人,占总人口的 54.1%,哈尼族人口 3 947 人,占总人口的 27.6%,佤族人口 1 897 人,占总人口的 13.2%,汉族和其他民族人口 719 人,占总人口的 5.1%,是一个典型的农业乡。

班利村属东回乡班利村民委员会辖区内的一个自然村寨,是个拉祜族传统民风民俗、民族礼仪、民族歌舞保存完好的地方,是国家级非物质文化遗产《牡帕密帕》的保护传承基地,是拉祜族传统舞蹈"摆舞"的发源和发展的重要基地,被命名为"拉祜族摆舞之乡"。

班利村有基督教信徒 1 300 余人,是一个信徒较多的拉祜族聚居的自然村寨。随着党的民族宗教政策的贯彻落实,各族信教群众内部与外部的关系都比较融洽、互相尊重、和睦相处,呈现出一派团结进步、欣欣向荣的喜人景象。

3. 勐朗镇唐胜村

勐朗镇位于澜沧县中部,为县政府驻地,是全县政治、文化、经济、交通中心,是该县改革开放以来取得显著成果并进行交流的窗口。勐朗镇东南接酒井乡和糯扎渡镇,西南与东回乡接壤。勐朗镇占据得天独厚的区位优势,是通往缅甸的边陲重镇,交通运输四通八达,国道 214 线纵贯南北,是澜沧地理位置条件较好、经济发展较快的乡镇之一。

　　唐胜村位于勐朗镇的北部,距离镇政府 5 公里左右,主要居住的民族有拉祜、汉、佤、哈尼、白,总人口 3 480 人,少数民族人口 3 046 人,占总人口数的 87.5%。唐胜拉祜新村是唐胜村委会 19 个村民小组之一,分为新寨和老寨。1992 年澜沧大地震,老寨的居住环境遭到破坏,政府帮助居民迁至今新寨处,建立了唐胜新村。现在老寨仍有几十户的人家,我们此次调查主要是针对老寨的语言使用情况。

三、蒙古族基本情况介绍

(一) 蒙古族的族源和人口分布情况

　　蒙古人自称"蒙古"(Mongol)。"蒙古"这一名称较早记载于《旧唐书》和《契丹国志》,其意为"永恒之火",别称"马背上的民族"。蒙古人发祥于额尔古纳河流域,史称"蒙兀室韦""萌古"等。

　　在蒙古族的族源传说中,有着"天命所生"的叙述。蒙古史学巨著《蒙古秘史》的开篇记载:"成吉思·合罕的祖先。孛儿帖·赤那奉上天之命而生。他的妻子是豁埃·马阑勒。他们渡过腾汲思水来到斡难河源头的不峏罕·合勒敦山,驻扎下来,生下儿子,名叫巴塔赤·罕。"①据《蒙古秘史》记载,巴塔赤·罕是蒙古族的始祖,他的子孙后代繁衍为近二十个部族。

　　据史料记载,蒙古族这种奉天命而生的渊源传说可以追溯到匈奴时代。班固《汉书·匈奴传》记载:"单于姓挛鞮氏,其国称之曰'撑犁孤涂单于'。匈奴谓天为'撑犁',谓子为'孤涂',单于者,广大之貌也,言其象天单于然也。""撑犁",学者们构拟为"tengri",

---

① 阿尔达扎布译注《新译集注〈蒙古秘史〉》,内蒙古大学出版社,2005 年,第 1 页。

指苍天,蒙古族还称之为"长生天",该词在古今阿尔泰语系突厥、蒙古诸语言中是通用的;"撑犁孤涂单于"言其单于是"天之子"。匈奴冒顿单于自称是"天所立匈奴大单于",老上单于自称是"天地所生、日月所置匈奴大单于"。冒顿单于征服月氏及西域诸国,也被看作是"以天之福",狐鹿姑单于给汉廷的信中说匈奴人是"天之骄子",《蒙古源流》一书称成吉思汗为"奉苍天之明命而生者,人中之狮我圣主天子"①。

蒙古族全世界共近一千万人,其中近60%居住在中国,蒙古族是我国人口较多的民族之一,也是我国北方的主要少数民族之一。据国家统计局《中国2010年人口普查资料》显示,我国境内的蒙古族总人口为598.18万人,分布在全国31个省、自治区、直辖市,居全国少数民族人口第九位。蒙古族人口数在10万以上的地区有内蒙古、辽宁、吉林、黑龙江、河北、新疆等地,人口数在10万与5万之间的地区有青海、北京、河南,其他地区的蒙古族人口数均在5万以下。

表0-1　各地区蒙古族人口数量分布表

地　区	人口/万	地　区	人口/万	地　区	人口/万	地　区	人口/万
内蒙古	422.60	陕西省	0.69	湖北省	1.03	海南省	0.34
辽宁省	65.78	新　疆	15.62	湖南省	0.36	广　西	0.30
吉林省	14.50	青海省	9.98	江西省	0.34	重　庆	0.56
黑龙江	12.54	甘肃省	1.09	安徽省	0.28	山西省	0.50

① 包海清《蒙古族族源传说起源探讨》,《内蒙古民族大学学报(社会科学版)》2009年第5期,第1—4页。

续　表

地　区	人口 /万	地　区	人口 /万	地　区	人 口/万	地　区	人口 /万
河北省	18.08	西　藏	0.03	江苏省	1.06	山东省	1.76
北　京	7.67	宁　夏	0.66	上　海	1.12	贵州省	4.15
天　津	2.03	四川省	3.66	浙江省	0.68	广东省	1.43
河南省	6.34	云南省	2.26	福建省	0.58		

　　蒙古族的人口分布有三个特点：一是聚居地规模差别大，规模大的可以大到一个自治区，规模小的可以小到一个村庄；二是聚居地区多，仅民族自治地方就有 11 个；三是聚居地的范围广，从东北到西北，从内蒙古到大西南，分布在十多个省区。

　　蒙古族地理分布现状的形成，有其历史的原因：首先，是政治统治的需要。1260 年，随着蒙古族日益强盛和占领区的不断扩大，为了加强统治，忽必烈把统治中心从漠北的和林迁到燕京。1271 年，元朝建立并逐渐统一全国后，把被占领的地区分为许多块封建领地，由蒙古人直接管理，没有分封的地方，也派蒙古人担任军政首领。这样，蒙古族的分布范围由于政治统治的需要，由蒙古高原扩大到全国各地及中亚一些地区。其次，是历史演变的结果。元朝灭亡之后，大部分蒙古人退回漠北地区，建立北元；一部分留在原来的封地内。为了防止北移的蒙古人的侵扰，明代在东起辽宁，经今内蒙古自治区和甘肃北部，西到新疆哈密一带先后设置了二十多处蒙古族卫所。其后蒙古族又经过统一和分裂，一部分迁入今蒙古国境内。清代进一步加强了对蒙古族统治，参照八旗制调整了蒙古大小封建领地，建立了盟旗制度，从而使蒙古族的地域分布基本上固定下来，沿袭至今。目前辽宁、吉林、黑龙江、新疆、青海、甘肃等地的蒙古族聚居区都是这样形成的。还有少数蒙古族加入军队或作为官员被派遣到各地,加上元朝灭亡后留在当地的少数蒙古人,就形成了目前河南、河北、四川、云南、北京等地一些散居分布的现象。由于工作、成分改变等原因,北京、天津,东南及沿海,云贵川、山东等地的蒙古族人口数量发生了明显的变化。

内蒙古自治区地域辽阔,境内 19 个旗县与蒙古国接壤(满洲里市,呼伦贝尔市额尔古纳市、新巴尔虎左旗、新巴尔虎右旗、陈巴尔虎旗、兴安盟阿尔山市、科尔沁右翼前旗,二连浩特市,锡林郭勒盟阿巴嘎旗、苏尼特左旗、苏尼特右旗、东乌珠穆沁旗,乌兰察布市四子王旗,包头市达尔罕茂明安联合旗,巴彦淖尔市乌拉特中旗、乌拉特后旗,阿拉善盟阿拉善左旗、阿拉善右旗、额济纳旗)。呼伦贝尔市新巴尔虎右旗地处中国东北边陲,是重要的边境贸易集散地和交通枢纽,与蒙古国、俄罗斯接壤,素有"鸡鸣三国"之称。境内分布 11 个少数民族,语言情况较为复杂。

(二)蒙古族的语言和文字

蒙古语属阿尔泰语系蒙古语族,主要使用者是蒙古族,主要分布在中华人民共和国内蒙古自治区、蒙古国和俄罗斯联邦西伯利亚联邦管区。蒙古国现在使用的蒙古文因在 20 世纪五六十年代受到苏联的影响已脱离原有的蒙古文体系,俄罗斯联邦西伯利亚联邦管区与蒙古国现在使用的文字相同。

最早的蒙古文字是在回鹘字母基础上创制的由上而下竖写的拼音文字。元代曾由藏族僧人八思巴利用藏文创制横写的蒙古新字,后改称为"蒙古字",近代一般称为八思巴字,元亡后停止使用。14 世纪初,蒙古学者却吉·斡斯尔对回鹘式蒙古文加以改进,发展成至今仍在使用的规范蒙古文。现行的蒙古文字母表有 29 个字母,其中有 5 个元音、24 个辅音。蒙古文单词由各个字母拼写而成,每个字母在词首、词中、词尾有不同的变体。蒙古文的拼写规则是以词为单位竖写,词与词之间用空格分开,采取从上到下的书序,从左到右的行序。

蒙古语属于黏着型语言。蒙古语的构词、构形都是通过在词干后面缀接不同的词尾而实现的,并且它们还可以层层缀接,这使得蒙古语词法形态变化丰富且复杂。

蒙古语在语音方面有严格的元音和谐律,即按照元音舌位前后或圆唇不圆唇进行和谐,如在一个词里,要么都是后元音(阳性元音),要么都是中元音(阴性元音)。但是前元音(中性元音)与后元音或中元音均可出现在同一个词里。在形态方面以词根或词干为基础,后接附加成分派生新词和进行词形变化;名词、代词、形容词、数词、副词、后置词和形动词,都有领属、数或格的语法范畴;动词都有人称、时、体、态、式等语法范畴。在语法结构方面,句子中的语序都有一定的规律。通常主语在前,谓语在后,修饰语在被修饰语之前,谓语在宾语之后。

中国境内的蒙古语言主要分布在内蒙古、新疆、青海、甘肃、辽宁、吉林、黑龙江等省。1979 年 9 月,在乌鲁木齐召开的八个省自治区蒙古语文工作会议上讨论并确定了三分法的分类:中国境内的蒙古语分内蒙古、卫拉特、巴尔虎-布里亚特 3 种方言。内蒙古方言,包括内蒙古自治区、辽宁、吉林、黑龙江等地蒙古族所使用的察哈尔、巴林、鄂尔多斯、额济纳阿拉善、科尔沁、喀喇沁土默特等土语。巴尔虎-布里亚特方言,包括内蒙古自治区呼伦贝尔盟陈巴尔虎、新巴尔虎、布里亚特等土语。卫拉特方言,包括新疆、青海、甘肃等地蒙古族所使用的土尔扈特、额鲁特等土语。这种三分法,更加符合我国蒙古语方言历史及现状。以上三种方言中,内蒙古方言是我国蒙古语方言基础方言,内蒙古方言以察哈尔土语语音为标准音。

四、新巴尔虎右旗蒙古族及调查点介绍

（一）新巴尔虎右旗蒙古族介绍

新巴尔虎右旗（简称"新右旗"，习称"西旗"）位于内蒙古自治区呼伦贝尔市西南部，地处北纬 47°36′～49°50′，东经 115°31′～117°43′。东以乌尔逊河为界与新巴尔虎左旗隔河相望，东北部与口岸城市满洲里毗邻，北、西、南三面与蒙古国和俄罗斯接壤，边境线长 515.4 公里，其中 48 公里为中俄边境线、467.4 公里为中蒙边境线。全旗东西最宽 168.3 公里，南北最长 245 公里，总面积 2.52 万平方公里，其中，水域面积 2 217.4 平方公里、有效草场面积 22 375 平方公里。

2010 年末全旗总户数为 13 864 户，总人口 35 009 人，其中非农业人口 1 964 人、农业人口 15 360 人。在总人口中，蒙古族 28 489 人、汉族 5 953 人，分别占总人口的 81.4%和 17.0%，人口男女比例为 48.5∶51.5。全旗居民由蒙古族、汉族、回族、满族、达斡尔族、朝鲜族、鄂温克族、鄂伦春族、黎族、佤族、柯尔克孜族、布依族 12 个民族构成。①

根据调查需要，本次调查选取新巴尔虎右旗政府所在地阿拉坦额莫勒镇和宝格德乌拉苏木作为调查对象。阿拉坦额莫勒镇是蒙古族、汉族、达斡尔族、回族等多民族杂居地，以蒙古族为聚居主体，其他民族散居在蒙古族聚居区。该地作为主要的旅游集散地，对外交流频繁，语言情况较为复杂。宝格德乌拉苏木是典型的蒙古族聚居地，居民绝大部分为蒙古族，保持着蒙古族传统的生活方式。两个调查点的学校多采用蒙古文教学，小学三年级开始开设汉语课程，学生主要为蒙古族；只有一所学校采用汉语教学，学生大多为

---

① 新巴尔虎右旗档案史志局编辑《新巴尔虎右旗年鉴》，2011 年，第 37 页。

汉族。

（二）调研点概况

1. 阿拉坦额莫勒镇

新巴尔虎右旗政府所在地阿拉坦额莫勒镇 2010 年辖 11 个嘎查、5 个社区,嘎查中纯牧业嘎查 4 个、半农半牧嘎查 7 个,全镇草场总面积约为 450 万亩,可利用草场约 400 万亩,中心镇区面积 6 万平方公里,居民由蒙古族、汉族、达斡尔族、回族、满族、鄂温克族、鄂伦春族等 11 个民族构成,总人口 2.3 万,占全旗人口总数 60% 以上。

本次调查以阿拉坦额莫勒镇(简称"阿镇")为对象,分别选取东庙嘎查、西庙嘎查、赛罕忽热嘎查为调查地点,以东庙嘎查为主要调查点,调查组进行了入户调查。东庙嘎查位于阿拉坦额莫勒镇东侧 19 公里,南靠克鲁伦河,东沿呼伦湖西畔两公里,西南邻希日塔拉嘎查 1.5 公里,北侧邻西旗旅游胜地金海岸 4 公里,是 7 个半农半牧嘎查之一,总面积 5.3 万亩,其中耕地 8 205 亩,农牧生产种类主要是种植业和畜牧业。

东庙嘎查共 261 户,总人口 565 人,其中农业人口 248 人,非农人口 317 人。由蒙古族、达斡尔族、汉族、满族等 4 个民族组成,少数民族人口占总人口的 94%。现在住 121 户,401 人。60 岁以上老人 47 名,其中 60 至 69 岁老人 29 名,70 至 79 岁老人 13 名,80 岁以上老人 5 名;残疾人 19 名;中小学在校生 49 名,初中、小学适龄儿童入学率 100%,在校大学生 15 人。①

2. 宝格德乌拉苏木

宝格德乌拉苏木距离新巴尔虎右旗政府所在地阿拉坦额莫勒镇 70 公里,是典型的牧区所在地,下辖 6 个嘎查,分别为宝格德乌

---

① 数据来自东庙嘎查人民政府统计资料。

拉嘎查、乌尔逊嘎查、呼伦嘎查、哈如拉嘎查、岗嘎图嘎查、达赉嘎查。由于牧区地域广阔,蒙古包之间距离遥远,本调查组选取乌尔逊嘎查作为主要调查地,进行了入户调查。乌尔逊嘎查东以乌尔逊河为界与新巴尔虎左旗遥遥相望,南与呼伦嘎查为邻,北至呼伦湖东南岸。嘎查总户数 80 户,总人口 281 人,嘎查草场总面积 48 万亩,2010 年牲畜总头数为 13 005 头(只)。[①]

在本次调查期间,为丰富牧民群众的娱乐生活,宝格德乌拉苏木文化站在傍晚休息时间选放了各题材蒙古文电影,共 40 余部,为当地居民和边防战士所喜爱。

---

① 数据来自宝格德乌拉苏木政府门户网站,http://bgdsm. xbehyq. gov. cn/sub/windex.jsp。

第一章 少数民族语言文字调查问卷系统的介绍及其使用

一、电子调查问卷系统介绍

传统的纸质调查问卷形式比较固定,设计比较单一,为了统计调查结果还要对调查数据进行二次录入和分析。一个完整的调查过程下来,花费在调查问卷处理上的时间非常多,而且在原始数据录入的过程中,往往由于人工等问题存在数据误差。针对以上传统纸质问卷存在的不足,电子调查问卷系统应运而生。

本次调查主要采取问卷调查法,调查组成员根据以往田野调查的经验,制作了电子调查问卷系统,分为网络版和单机版。电子调查问卷系统根据设计完毕的调查问卷,将问题录入系统。为了解决民族语不通问题,问卷所有问题和个人信息部分均配有民族文字翻译和民族语发音。问卷系统的网络版和单机版,在不同调查地点根据调查对象的特征选用最优版本。实际调查中,采用以电子调查问卷系统为主、纸质问卷为辅的方式。

二、电子调查问卷系统的特点

本次调查所设计的电子调查问卷系统主要具有以下特点:

(一)民汉双语、语音文字立体交叉

以往在田野调查中使用的调查问卷多采用汉语书写问题,由调查问卷人按照顺序对被试者进行提问。在很多少数民族地区，问卷人和被试者之间存在着一些语言障碍，常常表现为被试者能听懂问卷人所讲的汉语，但问卷人不能完全听懂被试者的汉语方言或少数民族语言。因此在田野调查中常常需要当地的向导，除了介绍当地风土人情，村寨、居民的分布情况以外，还要在整个田野调查中充当语言翻译。通常一个调研团队的成员数量较大，对向导的需求量也较大，但各个调查点的具体情况各不相同，具有较大差异，很难保证向导的数量。

语言田野调查中的民汉双语翻译是制约调查效率的一个重要因素。为了解决这一实际问题，很多调查问卷在汉语问题的基础上配有少数民族语言翻译，这大大提高了被试者对问题理解的准确度。但是，在很多偏远、边境少数民族地区，一些年龄偏大、教育程度较低的少数民族居民对文字的掌握程度不高，即使已经翻译为少数民族语言的问题，他们也无法完全阅读。针对这一问题，我们在电子调查问卷系统中设计了语音文件。语音文件作为调查问题的辅助，使用少数民族语言朗读目标问题。

电子调查问卷的问题设计具有三个层次：用汉语书写问题、用少数民族语言文字书写问题和用少数民族语言朗读问题。少数民族语言朗读问题在最大程度上满足了被试者对少数民族语言的需求，保证被试者能够充分理解问题，从而做出最真实有效的选择。使用少数民族语言朗读问题，对于少数民族地区居民来说具有亲切感，便于接受，为调查问卷创造了轻松、愉悦的氛围，从而提高被试者的配合度，保证整个调查过程的顺利完成。在实际的调查过程中，语音朗读也确实发挥了较大的作用，当被试者听到母语播放出来时所表现的惊讶和愉悦给我们留下了深刻的印象。

（二）即刻统计、数据分析智能高效

采用电子调查问卷系统录入数据以后，点击提交问卷，每份问卷的数据信息便统一存入后台数据库。数据库自动统计所有问题信息和选项，自动绘制数据分布图，对数据进行多维分析，从而大大提高了数据分析的效率。

三、电子调查问卷系统页面举例

（一）单机版电子调查问卷

如果录入的数据内容需要修改或者重新填写，可选择"清除问卷内容"，并重新填写问卷。点击提交问卷后，修改后的问卷数据自动保存到后台。对于一些被试者的建议则需要手动录入系统，录入文字同样被保存到数据库中。

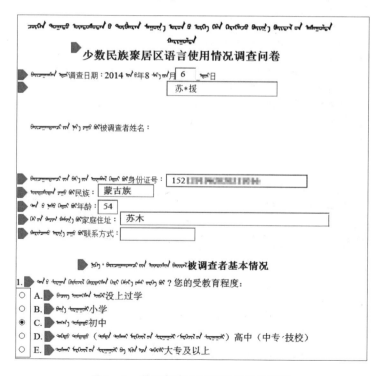

图1-1 单机版电子调查问卷系统例图

数据保存到数据库以后,电子调查问卷系统对所有数据自动进行汇总统计,按照问卷上问题的先后顺序将每个选项的内容进行计数统计,并绘图呈现总体分布。所有数据清晰可见,统计方便,从而使电子调查问卷系统打破了纸质问卷多次录入、有误差、效率低的缺点,大大提高了问卷调查的准确性和时效性。

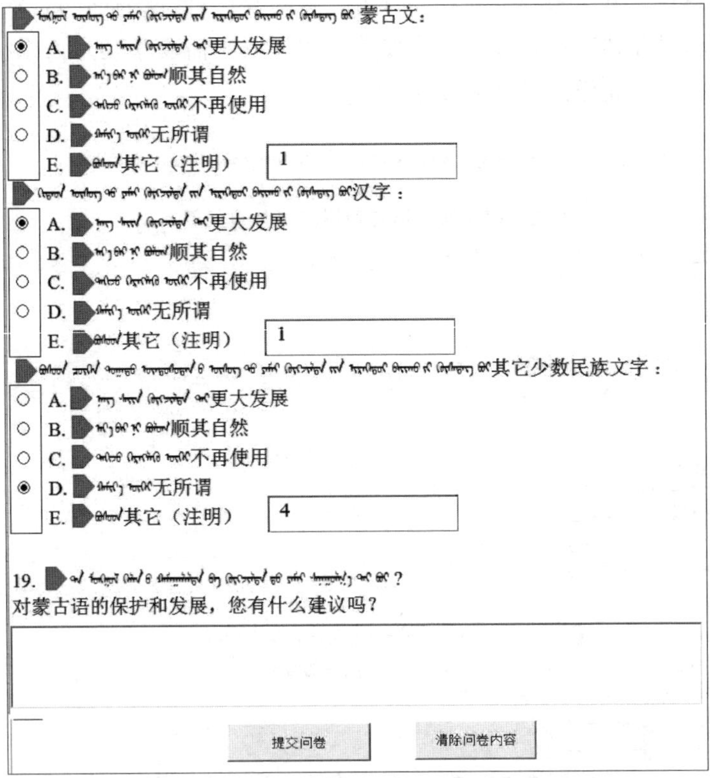

图 1-2   单机版电子调查问卷系统提交页面

基本信息							
日期	性别	姓名	身份证号	民族	年龄	住址	联系方式
4	女	金莲	1521	蒙古族	40	呼伦贝尔市新巴尔虎右	135
4	女	乌仁其木格	1521	蒙古族	38	呼伦贝尔市坦额莫勒镇	150
4	男	满都拉	1521	蒙古族	53	呼伦贝尔市右旗阿拉坦	1584
5	女	海梅	1521	蒙古族	72	呼伦贝尔市右旗阿拉坦	152
5	女	达古拉	1521	蒙古族	58	呼伦贝尔市右旗阿拉坦	131
5	女	鄂婷婷	1521	达斡尔	25	呼伦贝尔市右旗阿拉坦	151
5	男	清泉	1521	蒙古族	25	呼伦贝尔市右旗阿拉坦	187
5	女	呼吉雅	1507	蒙古族	60	呼伦贝尔市右旗阿拉坦	150
5	女	智光	1521	蒙古族	18	呼伦贝尔市右旗阿拉坦	158

图 1-3 单机版电子调查问卷系统数据统计页面

（二）网络版电子调查问卷系统

网络版电子调查问卷系统是一套针对调查/调查问卷的一体化管理的应用软件系统,涵盖了从问卷创制、问卷设计、问卷发放、问卷数据收集、问卷数据统计分析、问卷归档管理、数据迁入迁出、多终端数据采集等多种功能。目前的问卷针对少数民族聚居区语言使用情况设计了包括了受访者的基本情况、语言能力、语言态度等内容,数据收集后,能够进行常用的数据分析。该系统具有较高的使用价值和社会效益,试分述如下。

图 1-4 网络版电子调查问卷系统登录页面

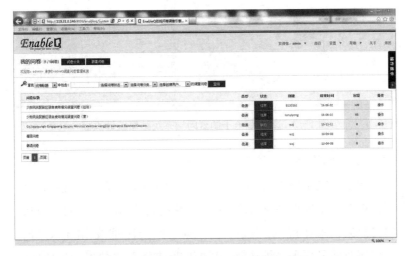

图1－5　网络版电子调查问卷系统操作页面(1)

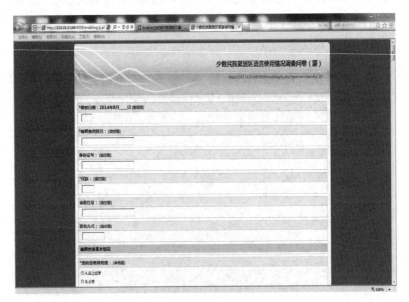

图1－6　网络版电子调查问卷系统输入页面

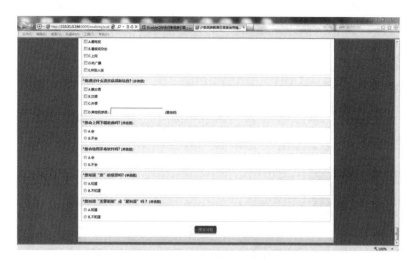

图 1-7　网络版电子调查问卷系统提交页面

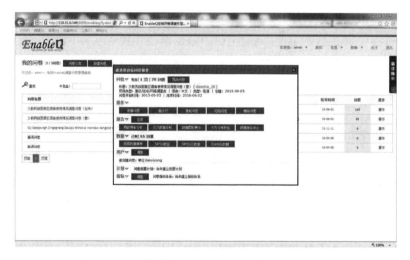

图 1-8　网络版电子调查问卷系统操作页面(2)

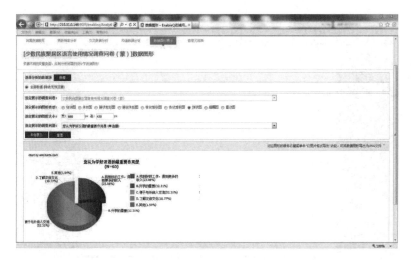

图 1-9　网络版电子调查问卷系统自动统计页面

一、使用价值：该系统可以在手机、电脑、平板电脑等移动网络通信设备上使用，方便快捷，数据传输及时，也解决了田野调查过程中资料携带不便、问卷调研中数据修改不便等实际问题；问卷完成后能自动收集归类，并设置了常用的数据分析功能，更为准确客观。目前语言调查组已投入使用，效果良好。

二、社会效益：问卷系统中的问题的设置可以根据需要增减，不仅适用于语言调查的各个项目，包括少数民族语言和汉语方言等项目的调查；也适用于大范围的语言调查，在未来的使用中能带来良好的社会效益。

但到目前为止，还没有规范的少数民族语言生活现状调查手册，调查者往往根据自己的调查目的，设计调查问卷，其结果往往也是为了个人使用。有限的精力必然限制每位学者只能对自己调查的部分做出评价和建议，无法真正达到全局把握的高度。因此，很有必要形成一个较为全面的、科学的、规范的调查手册，供全体调查者使用。传统调查方式的信息往往无法保存长久,调查来的宝贵材料在数年之后只会部分保留在少数的文章或者书籍中,不能得到很好地使用和传承。建立一个少数民族聚居区语言生活调查数据库,依靠计算机强大的储存功能,我们可以收集和永久保存包括调查问卷、语音和影像在内的所有反映该语言的材料;依靠计算机的快速检索功能,我们也可以迅速找出需要分析的语言对象,这样弥补了纸质文件本身功能的不足。语言调查是一个可持久发展的项目,在未来的某一天,将形成一个更为全面的更有说服力的大型语言生活数据库。数年之后,我们再次进行全面的语言状况调查时,也可以具体到各项指标的详细对比,更能反映出语言发展变化的规律。

第二章　少数民族聚居区语言使用情况

第一节　澜沧县拉祜族居民语言使用情况

本项调查根据澜沧县拉祜族的分布情况,选取了三个典型的村寨作为调查对象,采取了入户调查的方式,了解每户成员的语言情况,其中东回乡班利村调查了 52 户,共 517 人;酒井哈尼族乡勐根村老达保村共调查了 114 户,共 460 人;勐朗镇唐胜村唐胜老寨村共调查了 76 户,共 300 人;年龄在 6 周岁以上(含 6 周岁)的共计 1 263 人。被调查者的学历情况基本以小学、初中文化程度为主,完全没有接受过教育也占一部分,文化程度最高的是高中文化。

入户调查还采用了问卷调查的方法,并辅以家庭成员访谈和个别访谈的形式。问卷由 5 个部分组成:被调查者基本情况调查、家庭内部语言情况调查、家庭外部语言使用情况调查、语言与文字能力情况调查、语言态度调查。调查采用一对一的方式进行,调查者逐题询问、被试者回答,由调查员圈选或填写,调查完由调查员负责检查,及时发现问题,以保证问卷的有效性,本调查共完成 120 份调查问卷,均为有效问卷。

一、澜沧县拉祜族居民使用拉祜语的现状

根据澜沧县拉祜族的分布特点,我们选取了三个典型的拉祜族聚居村寨为主要调查点进行调查,调查员们分别从不同的村民小组、不同的年龄段、不同的场合等方面的语言使用情况进行了全方面、多角度、立体式的考察,取得了第一手材料,了解了拉祜族语言生活的现状。

(一) 澜沧县三个拉祜族村寨居民拉祜语使用情况

我们对三个被调查的村寨的各个小组进行了穷尽性的调查,调查对象年龄均在6周岁(含6周岁)以上、有正常语言能力的村民。由于篇幅的限制,下面仅列举总的数据表。调查对象对其母语拉祜语的掌握情况如下:

表 2 - 1　澜沧县拉祜族拉祜语能力统计表[①]
(调查人数 N=1 263)

村　寨	调查人数	熟　练		略　懂		不　会	
		人数	占比	人数	占比	人数	占比
老达保村(总)	457	457	100%	0	0	0	0
60 岁以上	58	58	100%	0	0	0	0
40—59	134	134	100%	0	0	0	0
20—39	164	164	100%	0	0	0	0
6—19	101	101	100%	0	0	0	0

---

① 本部分以戴庆厦先生对语言能力标准划分的三个等级(熟练、略懂、不会)来衡量。语言能力的分级是一个模糊指标,不能精确反映出每个人的情况,但可以反映出大致的趋势。本部分对拉祜语、汉语普通话的使用情况的整体调查只考察听、说能力,不含读、写的文字能力。

村　寨	调查人数	熟　练		略　懂		不　会	
		人数	占比	人数	占比	人数	占比
班利村(总)	514	513	99.8%	0	0	1	0.2%
60 岁以上	51	51	100%	0	0	0	0
40—59	150	150	100%	0	0	0	0
20—39	189	189	100%	0	0	0	0
6—19	124	123	99.8%	0	0	1	0.2%
唐胜老寨(总)	292	292	100%	0	0	0	0
60 岁以上	33	33	100%	0	0	0	0
40—59	84	84	100%	0	0	0	0
20—39	99	99	100%	0	0	0	0
6—19	76	76	100%	0	0	0	0

　　根据表 2-1 的统计数据,调查的结果如下:酒井乡勐根村老达保村调查对象共 457 人,对拉祜语的熟练使用率为 100%;东回乡班利村共 514 人,对拉祜语掌握程度为熟练的有 513 人,占98.8%,完全不会拉祜语的有 1 人,占 0.2%;勐朗镇唐胜村唐胜老寨村调查对象共 292 人,对拉祜语掌握程度为熟练的有 292 人,对拉祜语的熟练使用率为 100%。我们从调查结果中,可以看到以下几点。

　　1. 全民稳定使用拉祜语。从统计数据看出澜沧县的老达保村、班利村、唐胜老寨村的拉祜族人的母语使用稳定。被调查的三个点中,几乎是村寨的所有人,不论是本村土生土长的还是从外面嫁过来的,均会说拉祜语,而且流利程度基本都为熟练等级。如东回乡班利村的张小红的妻子武彩仙是哈尼族人,她是从哈尼族的寨子里嫁过来的,原来只会哈尼语,能听懂一点点拉祜语,而现在拉祜语也达到了熟练的程度。他们的孩子张天赋出生于2011年，正在学说话，武彩仙说："一定要会说拉祜语，大家都在说拉祜语，汉语也要学会，上学和工作都要用到，哈尼语也是要学一点的。"在所调查的人群中，这样的外族通婚的现象挺多，别的民族的人来到当地之后都学会了拉祜语。三个调查点中只有东回乡班利村的罗国强不会拉祜语，他的父亲罗维晶、母亲张娜务均是拉祜族人，母亲是户主，父亲是从别的寨子过来的。罗国强2004年出生，从小没有随父母长大，也不是在拉祜族的聚居地生活，因此不会说拉祜语，与父母之间的交流一般使用汉语。

2. 虽然与别的民族交流频繁，但拉祜语是当地的强势语言。澜沧县全县居住了二十多个少数民族，少数民族人口37.39万，占全县总人口的76%，人口在千人以上的世居少数民族有8个，包括了拉祜、佤、哈尼、彝、傣、布朗、回等少数民族，但总体来说其他民族的人口相对较少，拉祜族人口在澜沧县比重较大。由于交往需要，部分人已经发生了语言转用的现象，至少在与拉祜族人交流时会使用拉祜语。勐朗镇是县政府所在地，人员流动较多，因此在三个调查点中，唐胜老寨的居民相对在经济往来上与外界交流较多，但并没有影响到村民对拉祜语的掌握情况。酒井哈尼族乡除了是拉祜族的聚居地，也是哈尼族的聚居地，其中勐根村老达保村民小组是拉祜族聚集地。据调查，该村的居民对拉祜语的掌握程度是100%，语言活力很好，拉祜语并没有受到哈尼语的影响；且老达保村是著名的拉祜族歌舞之地，近年来外地旅游的人进入村寨的现象越来越多，当地的居民除了与外地人交流时使用汉语之外，其余场合都会使用拉祜语，这也是拉祜语保持良好状态的一个重要原因。

3. 虽处边境，拉祜语并没有受到境外语言的影响。从对三个乡镇的语言情况调查来看，澜沧县虽与缅甸交界，但缅甸语并没有对拉祜语的使用造成影响,除了在拉祜语的词汇中有部分的缅甸语借词外,其余几乎找不到其他的语言痕迹。缅甸的一些商人在澜沧县城做生意,基本改用了当地的拉祜语或是当地汉语方言。

4. 拉祜族聚居区居民的语言使用未出现明显的代际差异。参考个案,勐朗镇唐胜村唐胜老寨一家居住的三代人:张扎迫(户主)、李时妹(妻子)、张扎莫(长子)、张玉花(儿媳)、张珍妹(孙女)、张莉(孙女),拉祜语水平均为"熟练"等级,在词汇的测试中也未出现明显的差异,其中长子和儿媳的汉语水平为"熟练",汉语的学习和使用并未影响到他们对拉祜语的使用。拉祜族聚居区居民能较好地保持自己的母语,其中一个主要原因是他们生活在拉祜族聚居村寨,受到家庭语言环境的影响。

拉祜语目前仍然是澜沧县拉祜族人民使用最多的语言。拉祜族人民无论在家庭生活中还是在社会生活中都在频繁地使用自己的母语,母语一直在交际中发挥着重要的作用。预计在将来很长的一段时间内,拉祜族人民仍然会继续使用拉祜语作为交际工具从事各项活动,充分发挥其重要功能。

这些聚居区的居民从小就接受了母语文化的熏陶,母语是他们思考和交际的重要工具:在 120 份调查问卷"您最先学会的语言:A. 拉祜语;B. 汉语普通话;C. 当地汉语;D. 其他",选择"A. 拉祜语"的有 116 人,占 96.7%;选择"C. 当地汉语"的有 4 人,占 3.3%。

(二)母语能力四百词测试情况分析

调研组在拉祜族的三个调查点各选取 8 名调查对象做四百词测试,调查对象分 6—19 岁、20—39 岁、40—59 岁、60 岁以上四个年龄段,每个年龄段男女各一名。每个词的掌握能力分 ABCD 四个等级：A 为能脱口而出；B 为需要想一想再说；C 为经测试人员提示后能说出来；D 为经提示仍不会说。测试标准：A+B≥350 为优秀，280≤A+B≤349 为良好，240≤A+B≤279 为一般，A+B<240 为差①。测试结果如下表：

表 2-2　澜沧县拉祜族四百词测试结果（N=24）

性别	年龄	受教育程度	掌握能力等级				
			A	B	C	D	A+B
男	16	初中	342	19	27	12	361
女	23	小学	354	46	0	0	400
女	65	文盲	365	34	1	0	399
男	15	初中	325	41	26	8	366
男	25	初中	391	6	1	2	397
男	17	初中	250	79	48	23	329
男	76	小学	391	9	0	0	400
男	37	小学	384	13	3	0	397
男	43	文盲	393	7	0	0	400
女	40	小学	400	0	0	0	400
女	43	初中	387	9	4	0	396
男	50	初中	390	10	0	0	400

---

① 参考戴庆厦主编《老挝琅南塔省克木族及其语言》，中国社会科学出版社，2012年，第 3 页。

续　表

性别	年龄	受教育程度	掌握能力等级				
			A	B	C	D	A+B
女	38	高中	380	15	5	0	395
女	9	小学	365	12	6	17	377
男	60	文盲	381	19	0	0	400
女	19	初中	359	21	9	11	380
男	36	小学	393	4	3	0	397
女	63	文盲	391	4	4	1	395
女	18	初中	375	8	6	11	383
女	28	小学	393	6	1	0	399
女	62	文盲	392	6	2	0	398
女	50	小学	394	5	0	1	399
男	50	文盲	399	0	0	1	399
男	63	小学	395	4	0	1	399

从总体数据看,所有调查对象大部分能脱口而出,优秀率为95.8%(A+B≥350 的 23 人),经提示均能说出 94.3%以上的词汇(A+B+C≥377)。

从年龄来看,A+B≤350 的只有一人(329),17 岁;A+B＝400 的六人,其中一人 23 岁,其他均为 40 岁以上。在 6—19 岁这个年龄段中 17≤C+D≤71,8≤D≤23;20 岁以上的调查对象中 0≤C+

D≤5。数据显示,青少年的语言掌握能力不如中老年人,6—19 岁调查对象经提示仍不会说的有 8 到 23 个词汇不等,20 岁以上的只有五人分别想不出 2、1、1、1、1 个词汇。原因大致有两方面:第一,青少年的认识能力有限,他们仅仅熟悉与他们日常生活有关的,很多词汇他们还用不上或者暂时接触不到,最明显的如亲属称谓语,"岳父""女婿""孙子"等;第二,有些词汇已经远离了他们生活的环境或者已经基本转用汉语,如"水獭""豪猪""金""银""铜"等,大部分青少年不能区分"弓"和"弩","窗子"大部分转用汉语。

测试成绩的性别差异总体上不明显。6—19 岁的三名男性调查对象年龄分别为 15、16、17 岁,测试成绩最差,能自己想出来的词汇(A+B)比例依次为 91.5%(366)、90.2%(361)和 82.3%(329)。根据测试过程中观察的情况看,这三名调查对象性格都比较内向,很害羞,只要是不能马上想起来的词汇,基本就要等测试员提示才点头或摇头示意。尤其是测试成绩最差的 17 岁男生,因为他特别害羞,测试员问什么他都摇头,无奈之下我们差点放弃,后来找了个没人的地方进行测试,他才稍微放开了一点。

受教育程度与测试成绩的相关性不明显,虽然从表 2 - 2 中看,测试成绩比较差的(A+B<390,一共六人),除一人(9 岁)的受教育水平为"小学"外,其他五人均为"初中",但这主要与年龄有关,这五名调查对象的年龄分别为 15、16、17、18、19 岁。

总的来说,四百词测试成绩比较理想。所有调查对象的母语均为本民族语,语言环境也基本只有本民族语,这是调查对象能够很好地掌握本民族语最重要也是最基本的两个条件。6—19 岁的调查对象测试成绩稍差一些(优秀率在 97.5%以下),这主要与他们的认识水平和生活环境的改变有关。

二、澜沧县拉祜族聚居区居民使用汉语的现状分析

一个民族既熟悉本民族语言又兼通其他语言在当今飞速发展的时代是一种很自然的现象,这也为民族之间的相互交流、互相学习、共同发展提供了可能。少数民族群众为了更方便地学习先进的科学知识,从而加强对汉语普通话的学习也是一种自然趋势。少数民族同胞掌握汉语成为"双语人"在很多地区都是一种常见的现象。

汉语普通话是我国的通用语,是各地区、各民族之间相互沟通、表情达意的重要工具,也是党和政府宣传国家政策和法律法规使用最多的语言,还是各族人民接受教育,学习先进的科学技术的桥梁。因此,汉语在各民族人民的生活中都起着重要的作用。新中国成立之后,特别是改革开放以来,少数民族地区的很多知识分子和干部都学会了汉语,拉祜族也是如此。通过学校教育以及与不同民族之间的交流,澜沧县的拉祜族人中有不少人已经在不同程度上学会了汉语。但从调查的数据上来看,拉祜族人的聚居村寨,掌握汉语的比例不是太大,在偏远地区的寨子里大部分的人还处在"略懂"或者是"不会的"的阶段。

如表 2-3 所示,三个村寨居民掌握汉语的程度不同,汉语水平整体不高。汉语掌握较好的是唐胜老寨,"熟练"使用汉语的人口比例占 62.67%;而老达保村和班利村能"熟练"使用汉语的分别占 47.92% 和 46.11%;汉语水平在代际之间出现明显差异,60 岁以上能熟练掌握汉语的人数很少,能熟练使用汉语的人群以 40 岁以下为主,年龄与汉语水平成反比;地域对汉语水平有明显影响。澜沧县民宗局的魏局长告诉我们,在拉祜族聚居的村寨大家一般不讲汉语,都是讲拉祜语,就算是会讲汉语的人也更喜欢讲拉祜语。村寨里的村干部在开会时也一般使用拉祜语,他们认为这样的效果会更好一些。

表 2-3　澜沧县拉祜族汉语能力统计表（调查人数 N=1 263）

村　寨	调查人数	熟　练		略　懂		不　会	
		人数	占比	人数	占比	人数	占比
老达保村（总）	457	219	47.92%	121	26.48%	117	25.60%
60 岁以上	58	3	5.17%	3	5.17%	52	89.66%
40—59	134	42	31.34%	46	34.33%	46	34.33%
20—39	164	97	59.15%	51	31.10%	16	9.76%
6—19	101	77	76.24%	21	20.79%	3	2.97%
班利村（总）	514	237	46.11%	154	29.96%	123	23.97%
60 岁以上	51	14	27.45%	9	17.65%	28	54.90%
40—59	150	55	36.67%	61	40.67%	34	22.66%
20—39	189	125	66.14%	50	26.46%	14	7.41%
6—19	124	43	34.68%	47	37.90%	34	27.42%
唐胜老寨（总）	292	183	62.67%	75	25.68%	34	11.64%
60 岁以上	33	9	27.27%	13	39.39%	11	33.33%
40—59	84	44	52.38%	31	36.90%	9	10.71%
20—39	99	85	85.86%	10	10.10%	4	4.04%
6—19	76	45	59.21%	21	27.63%	10	13.16%

（一）不同年龄段的村民，对汉语掌握水平不同

在对不同年龄阶段拉祜族群众的汉语使用情况的统计中，我们发现年龄段在 8 至 45 岁之间的居民通常能较为熟练地掌握汉语；而在其他年龄段的居民大多数属于"略懂"或者是"不会"的程度，呈现出两头是单语人（老人和小孩），中间是双语人的状态。年龄在 60 岁以上的村民，大多数不会汉语，略懂的程度仅少数几人，因为在该年龄段的村民基本属于与外界接触非常少的一部分人，且 99.2% 的人受教育程度都是文盲，没有接受过学校教育。学校教育是学习汉语的一种非常重要的途径。调查结果表明，没有接受过学校教育的村民的汉语水平普遍较低。不能使用汉语交流

的人除了年龄在 60 岁以上的之外,还集中在 2009 年以后出生的人群中,这一部分孩子大都还未接受过正式的学校教育,由于在家庭生活中主要以拉祜语交际为主,因此大多数不会使用汉语。如东回乡班利村四组的李扎发(户主)一家,他和他的妻子魏娜多都不会汉语,而家里的长子李扎母和长女李小丽的汉语水平均为熟练的等级,这是因为其长子和长女都接受过正规的学校教育,他们自己说:"汉话主要是在学校学到的,在家里不说的。"之后,他们一直在外面打工,也经常说汉语,所以汉语水平一直较好。

造成汉语水平代际差异的原因除了教育之外,还与人们的生活方式有关。老一辈人的娱乐方式以唱歌、跳芦笙舞、打陀螺等传统的民族活动为主,而年轻人则喜欢看电视、打扑克、听广播等,这些变化也使得年轻人的汉语能力比老辈的人们要强。

(二)拉祜族家庭内部成员之间基本不使用汉语

拉祜族家庭成员的语言使用情况,也会影响对汉语的掌握程度。在调查家庭成员之间的语言情况时,120 份调查问卷的结果显示:家庭内部成员之间有 118 个家庭全部使用的是拉祜语;有 1 个家庭在交流时使用的是当地汉语。这唯一的一家是老达保村的钟志刚一家,他们家中在与上一辈交流的时候使用拉祜语,而在平辈之间及晚辈之间都使用当地汉语交流。平日缺少机会说也是拉祜族聚居区汉语水平不高的重要原因。

在调查中,我们也看到了这样一个现象,如:勐朗镇唐胜村唐胜老寨李给伍一家,家庭成员有妻子李娜啊、长子李老二、长女李三妹、孙子李孟发、孙子李银福,一共是六口人,除了在上学前班的孙子李银福不会汉语外,其他人员的汉语水平均为熟练的等级,现在他们也正积极教孩子学汉语,认为汉语非常有用。据调查,在这个家庭中,大家在内部交流时除了习惯用拉祜语之外,也会用到汉语,特别是看电视剧的时候,因此一家人的汉语水平都比较高。拉祜族聚居区的婚姻以族内通婚为主,族际通婚家庭较少。族内婚姻的家庭基本都使用拉祜语,少数使用汉语,李给伍的家庭属于较为特殊的家庭。就是族际婚姻家庭,在家庭内部也主要使用拉祜语交流,只有在青少年之间有时会使用汉语。

（三）澜沧县拉祜族人的汉语水平有地域性的差异

生活在城镇周边、半山区、山区的拉祜族人的汉语使用情况存在着差异,是一个客观的现实。我们从表 2－3 可以看出:离县城较近的唐胜老寨,能熟练使用汉语的村民较多。唐胜老寨属于坝区,离县城很近,能熟练使用汉语的人数比例在三个调查点中是最高的。唐胜老寨相对于其他两个地方交通方便,文化教育的条件也比山区的村寨好,村民活动如看电视、电影一类的娱乐方式比山区多,也有利于人们与汉语接触;唐胜老寨的部分村民在县城做生意,也需要用汉语交流。而相对离县城较远的老达保村能熟练使用汉语的人们的比例远远低于唐胜老寨,这里的村民到县城较远,交通相对闭塞。村民们很少去县城,日常用品一般到乡镇政府所在地购买,村民们在集市上交流也用的是拉祜语,有些人去隔壁乡镇做生意也说拉祜语,接触汉语的机会相对较少。一部分居民家里买了电视机,都是年轻一代人比较感兴趣,老一辈的人一般不看,村里 73 岁的李娜母说:"电视里都讲汉语,看不懂,不爱看。"近些年,老达保村获得"第四届新农村电视艺术节——魅力新农村"十佳乡村荣誉称号之后,来旅游的人越来越多,增加了村民们与汉语接触的机会,部分村民也已经意识到汉语交流的重要性,开始慢慢学着说汉语。

三、澜沧拉祜族聚居区居民使用其他语言的情况

澜沧县是一个多民族杂居的县。特别是我们调查的班利村所处的东回乡有很大一部分是哈尼族人和佤族人。我们所选择的三个村寨的村民与外族通婚的情况不多,我们在对三个村寨进行拉

祜语和汉语使用情况调查的同时也对其他语言的掌握情况做了简单的调查。三个村寨掌握其他语言的人不多,有的能听懂但不会说,有的只会说一两个词语或者是敬酒时的几句常用语。

表 2-4　澜沧县拉祜族掌握其他民族语言情况表

被调查村寨	调查对象(总人口数)	其他语言掌握情况
老达保村	460	有 4 人熟练掌握傣语
班 利 村	509	有 5 人熟练掌握哈尼语
唐胜老寨	299	有 1 人熟练掌握佤语

以上能熟练掌握其他民族语言的居民,大多数是通过族际之间的通婚来到当地,在当地也学会了拉祜语,但依然会使用自己的母语,比如说回自己原来的村寨时会使用母语。就如勐朗镇唐胜村唐胜老寨村民罗老二家的三女婿的李新民就是从佤族的村寨过来的,来了几年后已经熟练地掌握了拉祜语和汉语。但是他并没有教自己的孩子说佤语,他觉得"在这里用不上,所以就没教"。在被调查人群中,比较特殊的是酒井乡勐根村老达保村民李扎戈。李扎戈是地地道道的拉祜族人,由于年轻的时候在傣族聚居区做事情就学会了傣语,现在还会说,有傣族人来了还用傣语交流。

第二节　新巴尔虎右旗蒙古族聚居区语言使用情况分析

一、新巴尔虎右旗蒙古族被试者特征分布情况

内蒙古自治区地域辽阔,路途遥远,调查组根据新巴尔虎右旗

的实际情况,本次调查选取了一个镇和一个苏木作为调查对象,采取了入户调查的方式,了解每户成员的语言情况,由于牧区的人口较为稀少,居民之间的距离较长,在有限的时间内完成的样本数量较少,其中阿拉坦额莫勒镇调查了47户,共47人,宝格德乌拉苏木共调查了18户,共18人。

入户调查还采用了问卷调查的方法,并辅以家庭成员访谈和个别访谈的形式。问卷由5个部分组成:被调查者基本情况调查、家庭内部语言情况调查、家庭外部语言使用情况调查、语言与文字能力情况调查、语言态度调查。调查采用一对一的方式进行,调查者逐题询问,被试者回答,由调查员输入或填写,调查完由调查员负责检查,及时发现问题,以保证问卷的有效性。本调查共完成65份调查问卷,均为有效问卷。

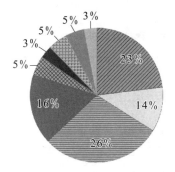
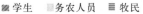
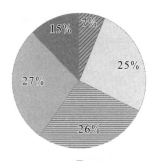

图 2－1　被试者职业分布图　　图 2－2　被试者受教育程度分布

本次调查共发放问卷65份,回收有效问卷65份,有效率100%。其中男性被试者33名,女性被试者32名,男女比例大概均等。年龄按照6—19岁、20—39岁、40—59岁、60岁及以上分段统计,每个年龄段人数几乎相同。其中,蒙古族62名,达斡尔族3名。大部分被试者为牧民和务农人员,另外有学生、公务员、教师、个体工商户、工人、自由职业者等人员。

　　蒙古语的听、说、读、写能力与被试者的文化水平密切相关,尤其是书写能力。65名被试者的文化程度从没上过学、上过小学、初中、高中(中专)到大专及以上,分布不均,以小学、初中和高中为主,没上过学的比例最小,呈正态分布,未表现出两极化现象。

二、新巴尔虎右旗蒙古族聚居区蒙古语使用现状

(一)新巴尔虎右旗蒙古族聚居区蒙古语使用情况

　　我们对调查点的嘎查进行了调查,调查对象年龄均在6周岁(含6周岁)以上、有正常语言能力的村民。由于调查报告篇幅的限制,下面仅列举总的数据表。调查对象对其母语蒙古语的掌握情况如下:

表2-5　新巴尔虎右旗蒙古语熟练程度表

调查对象(总人数)	熟　练		略　懂		不　会	
	人数	占比	人数	占比	人数	占比
65	64	98.46%	1	1.53%	0	0

　　根据表2-5的统计数据,调查对象共65人,其中对蒙古语的熟练使用率为98.46%。因为他们从小就接受了母语文化的熏陶,母语是他们思考和交际的重要工具:在调查问卷"您最先学会的语言:A.蒙古语;B.汉语普通话;C.当地汉语;D.其他"中选择"A.蒙古语"的有57人,占87.69%。在"您最经常使用的语言中:A.蒙古语;B.汉语普通话;C.当地汉语;D.其他"中选择"A.蒙古语"的有52人,占80%。统计数据可以说明以下几点。

1. 全民稳定使用蒙古语。在被调查的两个点中,几乎所有嘎查的人,不论是本嘎查土生土长的还是从外面嫁过来的,均会说蒙古语,而且流利程度基本都为熟练等级。

2. 虽与别的民族交流频繁,但蒙古语是当地的强势语言。全旗居住了十一个少数民族,少数民族人口占总人口的80%,但总体来说其他少数民族的人口相对较少,在新巴尔虎右旗中,蒙古族占多数。

3. 虽处边境,蒙古语并没有受到境外语言的影响。从对两个调查点语言情况的调查来看,新巴尔虎右旗虽地处三国交界处,但俄语等语言并没有对蒙古语的使用造成影响,除了在蒙古语的词汇中有部分的俄语借词外,其余几乎找不到其他的语言痕迹。

从调查结果显示,蒙古语仍然是新巴尔虎右旗蒙古族人民使用最多的语言。蒙古族人民无论在家庭生活中还是社会生活中都在频繁地使用自己的母语,母语一直在交际中发挥着重要的作用。预计在将来很长的一段时间内,蒙古族人民仍然会继续使用自己的语言作为交际工具从事各项活动,充分发挥其重要功能。

（二）蒙古语能力五百词测试情况分析

按照之前的调查计划,我们在两个调查点各选取 8 名调查对象做五百词测试,分 6—19 岁、20—39 岁、40—59 岁、60 岁以上四个年龄段,每个年龄段男女各一名。但在实际的调查中,由于牧区地广人稀,每家每户之间路途遥远,人口分布不均,60 岁以上年龄段只找到男女各一名。每个词的掌握能力分 ABCD 四个等级：A 为能脱口而出；B 为需要想一想再说；C 为经测试人员提示后能说出来；D 为经提示仍不会说。测试标准：A+B≥400 为优秀,280≤A+B≤399 为良好,240≤A+B≤279 为一般,A+B<240 为差。测试结果如下表：

表 2-6 蒙古语母语能力五百词测试表

性别	年龄	教育程度	掌握能力等级				
			A	B	C	D	A+B
女	72	未上学	500	0	0	0	500
男	78	未上学	481	4	14	1	485
女	58	未上学	482	5	0	13	487
女	49	未上学	436	12	2	50	448
男	58	未知	460	6	21	13	466
男	41	高中	488	0	5	7	488
女	38	高中	488	10	1	1	498
女	28	中专	421	13	15	21	434
女	27	本科	450	24	17	9	474
男	30	未知	465	0	9	26	465
男	11	小学	401	8	40	51	409
男	13	小学	376	10	36	78	386
女	17	高中	466	3	11	20	469
女	18	高中	474	9	10	7	483

从测试数据看,所有调查对象大部分能脱口而出,优秀率为 92.86%(A+B≥400 的 13 人),仅有一人脱口而出的词汇量低于熟练标准,该名被试者为小学五年级在读,词汇量尚未完善。

从年龄来看,A+B≤400 的只有一人(386),13 岁;A+B≥450

的十人,其中二人20岁以下,其他均为20岁以上。数据显示,青少年的语言掌握能力不如中老年人,6—19岁调查对象经提示仍不会说的有7到51个词汇不等,20岁以上的只有四人分别想不出1、1、7、9个词汇,还有一位老人500个词汇均能流利说出。

原因大致有两方面:第一,青少年的认识能力有限,他们仅仅熟悉与他们日常生活有关的词汇,很多词汇他们还用不上或者暂时接触不到,最明显的如亲属称谓语"岳父""女婿""孙子"等;第二,有些词汇已经远离了他们生活的环境或者已经基本转用汉语,如"水獭""豪猪""红豆""绿豆""黄豆"等。

测试成绩的性别差异总体上不明显。八名女性被试者中,A+B≥450的六人,占75%,六名男性被试者中A+B≥450的四人,占66.7%。

受教育程度与测试成绩的相关性不明显,虽然从总表上看,测试成绩比较差(A+B<390,一共一人)的受教育水平为"小学","未上过学"的四人中有三人A+B≥450。

总的来说,五百词测试成绩比较理想。所有调查对象的母语均为本民族语,语言环境也基本只有本民族语,这是调查对象能够很好地掌握本民族语最重要也最基本的两个条件。6—19岁的调查对象测试成绩稍差一些(优秀率在97.5%以下),这主要与他们的认识水平和生活环境的改变有关。

三、新巴尔虎右旗蒙古族聚居区兼用汉语情况分析

汉语普通话是我国的通用语,是各少数民族之间相互沟通、表情达意的重要工具,也是党和国家宣传国家政策和法律法规使用最多的语言,还是各族人民接受教育,学习先进的科学技术的桥梁。因此,汉语在各民族人民的生活中都起着重要的作用。新中国成立之后,特别是改革开放以来,少数民族地区很多知识分子和

干部都学会了汉语,蒙古族也是如此。通过学校教育以及不同民族之间的交流,新巴尔虎右旗的蒙古族人中有不少人已经在不同程度上学会了汉语。但从调查的数据上来看,蒙古族人的聚居村寨,熟练掌握汉语的比例不是太大,在牧区里的大部分人还处在"略懂"或者是"不会"的阶段。

表2-7   新巴尔虎右旗蒙古族汉语掌握程度表

调查对象人数	熟　练		略　懂		不　会	
	人数	占比	人数	占比	人数	占比
65	43	66.15%	21	32.31%	1	1.53%

在所有被试者中,能够熟练掌握汉语的被试者比例最高,但即使在媒体非常发达的今天,也有被试者仍然完全不会汉语,也有一部分人只是略懂汉语。调查中我们发现,汉语的熟练程度与地域分布有着直接关系。牧区的牧民与外界交流较少,大多数时间生活在草原上,周围都是蒙古族人,因此汉语水平明显偏低。而生活在镇政府所在地的居民,长期因边贸和旅游等往来与外来人口交流,所以汉语水平较高。

四、新巴尔虎右旗蒙古族聚居区其他语言使用情况

新巴尔虎右旗多民族杂居。我们调查的旗政府所在地阿拉坦额莫勒镇是一个旅游胜地,每年有大批的游客到镇周边的呼伦湖和大草原游玩。同时,阿镇共有11个民族的居民,曾经有八户五民族的时期。我们在对蒙古语和汉语使用情况调查的同时也对居民其他语言的掌握情况做了简单的调查。掌握其他语言的人不多,有的因出国打工学会,有的因从事过边贸学会。

表 2－8　新巴尔虎右旗蒙古族掌握其他语言情况表

调查地点	总人数	掌握其他民族语言	掌握外语
阿拉坦额莫勒镇	47	达斡尔语：4 人，8.51% 朝鲜语：1 人，2.13%	英语：18 人，38.30% 俄语：3 人，6.38%
宝格德乌拉苏木	18		英语：3 人，16.67%

　　掌握其他少数民族语言的被试者都集中在阿拉坦额莫勒镇，主要是达斡尔语和朝鲜语，这与阿镇的达斡尔族居民密切相关。宝格德乌拉苏木的少数民族语言则比较单一，不存在其他少数民族语言。外语掌握情况中，阿镇蒙古族有掌握英语、俄语，其中英语最多。宝格德乌拉苏木的蒙古族中只有少数掌握英语。由此可见，掌握其他民族语言与所处地域密切相关。对外交流较多的地区，掌握其他民族语言和外语相对较多。同时，在多民族聚居区内的居民也拥有更多机会掌握其他少数民族语言。

第三章　少数民族聚居区文字使用情况分析

第一节　澜沧县拉祜族文字使用情况分析

一、拉祜族文字简况

目前主要使用的拉祜语拼音文字有三种,即传教士文字方案、云南拉祜族文字试行方案和马提索夫文字方案。三种文字方案都以拉丁字母为字母形式,由辅音字母、元音字母、标调符号和标点符号构成①。传教士文字方案是以缅甸景栋一带的拉祜纳方言为基础设计的;云南拉祜族文字方案是以澜沧拉祜族自治县拉祜纳方言为基础设计的;而马提索夫的文字方案是以泰国拉祜纳方言为基础而设计的,基本在拉祜族人民群众中没有得到发展和应用,只是在学术交流的群体中起到了一定的作用。这三种文字方案都属于区域性方言文字。

传教士文字方案在拉祜族地区的推广运用与西方基督教、天主教在拉祜族地区的传播是同步的②。20 世纪初,美国基督教会

---

① 王正华《拉祜语文字的应用与挑战》,《云南民族大学学报》2007 年第 2 期。
② 同上。

在糯福传教期间,以澜沧东岗地区的拉祜语音为准,设立了一套拉丁化的拼音符号,形成了一套拉祜文(老拉祜文),传授教义。基督教传教士用他们设计的文字翻译出版了《新约圣经》、赞美诗、小学课本、通讯、教义书等大量的教会书刊,招收学生到教会学校读书。至今,澜沧拉祜族自治县等信仰基督教的拉祜族牧师和教徒都使用传教士文字方案翻译的《新约圣经》,他们称这种文字为"拉祜族老文字"。传教士设计的拉祜语拼音文字至今仍然在云南拉祜族的基督教徒中广泛使用,成为各地拉祜族基督教徒通用的文字。在调查中,我们发现在东回乡班利村的很多村民都认识老拉祜文。除了班利村,在酒井乡勐根村老达保村也有很多的居民会老拉祜文,李娜倮的母亲还有用老拉祜文记账的习惯,这确实很令我们惊讶,据她介绍像她这样的人还有一些,因为"记着方便,习惯了,比汉字容易写"。

从1957年中央民族事务委员会审核批准云南拉祜语文字试行方案至今,云南新拉祜文的推广应用和双语教学经历了3个时期,每个时期都取得了一定的成果。特别是1957年7月,云南民族出版社设立了拉祜文图书编辑室,主要翻译和出版拉祜文小学课本、扫盲教材和通俗读物,为拉祜文的发展提供了很大的帮助。该编辑室虽于1968年被撤销,但1980年恢复,至今主要编辑出版党和国家的重要文献、各种科普读物、一批本民族的口碑传说,目前主要的拉祜文书籍都是由云南民族出版社出版的。

二、澜沧县拉祜族拉祜文字使用现状分析

对澜沧拉祜族聚居区拉祜文字的使用情况调查主要通过问卷调查的方式进行。在进行入户调查的同时,我们向居民发放调查问卷,尽量考虑了年龄、性别等因素之间的平衡,共计发放120份

调查问卷,其中有效问卷 120 份,具体构成情况如下:

抽样调查样本男女比例基本持平,年龄分布比较均匀;居住地人口数分布较均衡;调研点拉祜族居民的受教育程度普遍低,样本的文化程度集中在小学、初中文化水平,样本的结构与当地的整体情况基本一致;样本的职业以务农为主,学生占其次,符合当地的实际情况。

表 3-1　澜沧县拉祜族被试者样本构成表(N=120)

民　族	分　　类		样　本	占　比
拉祜族	性　别	男	60	50.00%
		女	60	50.00%
	地　域	老达保村	40	33.33%
		唐胜老寨	40	33.33%
		班利村	40	33.33%
	年　龄	<20	27	22.50%
		20—39	35	29.20%
		40—60	32	26.70%
		≥60	26	21.70%
	受教育程度	文　盲	24	20.00%
		小　学	69	57.50%
		初　中	27	22.50%
		初中以上	0	0

续　表

民　族	分　类		样　本	占　比
拉祜族	职　业	学　生	21	17.50%
		务　农	91	75.80%
		个体工商户	3	2.50%
		公务员	2	1.70%
		其　他	3	2.50%

（一）澜沧县拉祜族调查对象的基本特征

1. 职业特征

本次调查每个村寨发放问卷 40 份，共 120 份，回收有效问卷 120 份，有效率 100%。其中男性被试者和女性被试者各 60 人，各 50%。各年龄段人数平均，年龄分段按照 6—19 岁、20—39 岁、40—59 岁、60 岁及以上统计，每个年龄段人数几乎相同。大部分被试者为本村寨务农人员，一部分为学生，个别为个体商业经营者、公务员和外出打工人员等，具体职业分布如图 3-1 所示。

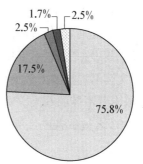

图 3-1　澜沧县拉祜族调查对象的职业分布图

2. 受教育程度特征

对拉祜文字的掌握情况与被试者的受教育程度密切相关，在 120 名被试者中，读过小学的有 69 名，占总数的 57.5%，读过初中的有 27 名，占总数的 22.5%，从没读过书的 24 名，占总数的 20%，高中及以上学历的人数为 0，可见被试者群体普遍学历较低。

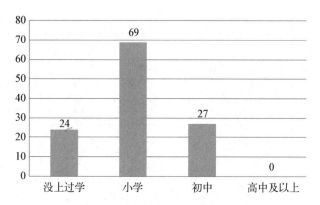

图 3-2　澜沧县拉祜族调查对象的受教育程度分布图

（二）澜沧县拉祜族拉祜文字整体使用情况

调查组考察了拉祜族村民使用拉祜文读、写的情况,将阅读分为能熟练读书看报、看懂简单文章、基本看不懂和完全看不懂四个等级。其中,完全看不懂拉祜文的人数最多,达 90 人;能熟练使用拉祜文读书看报的人数最少,仅 5 人;能看懂简单拉祜文文章的 19 人;基本看不懂的 6 人。对于拉祜文书写能力的考察与阅读能力一致,92 名被试者已经完全不会写拉祜文;只有 4 名被试者能够

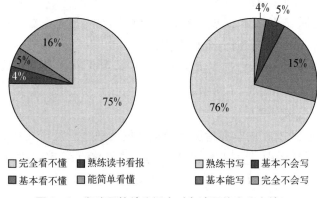

图 3-3　澜沧县拉祜族调查对象读写能力分布情况

用拉祜文熟练地写字;18 名基本能写;6 名基本不会写。可见,拉祜文已经脱离了拉祜族的生活,走向衰退。

调查表明大多数人不认识拉祜文,尤其是新拉祜文。所调查的人当中能认识拉祜文的指的是老拉祜文,他们都是通过传教的途径学会的,被调查的拉祜族居民表示学会拉祜文是通过参加礼拜,读拉祜文的《圣经》。但除了在教会活动中经常使用外,其他场合应用很少,因此大多数人并不熟练。

在拉祜文的应用调查中,调查组对使用拉祜文发送短信消息进行了调查,120 名被试者中明确表明使用汉语发送短信的人数有 29 名,明确表示使用拉祜语发送短信的有 2 名,另外 89 名选择其他。调查发现,明确表示使用拉祜语发送短信的被试者,是使用汉语拼音拼写相同读音的拉祜语,方便与同族人快速交流。在博客论坛使用语言的调查中,只有 9 名明确表示使用汉语的论坛,其余都选择其他。由此可见,拉祜族的信息化水平较低,使用手机和互联网的人还很少,对网站和论坛涉及较少。

（三）澜沧县拉祜族拉祜文字使用特点分析

1. 年龄特点

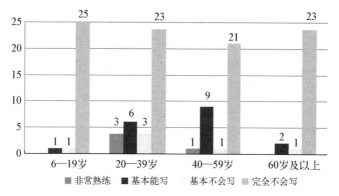

图 3 - 4　澜沧县拉祜族不同年龄拉祜文掌握情况

调查发现,在四个年龄分段中,被试者拉祜文书写能力明显不同。四个年龄段大部分被试者已经完全不会书写拉祜文。其中对拉祜文书写非常熟练的主要集中在 20—39 岁这个年龄段,基本能写拉祜文的集中在 40—59 岁年龄段。青少年和老年人群体中能够书写拉祜文的被试者数量极少。

2. 性别特点

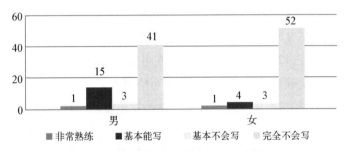

图 3-5   澜沧县拉祜族不同性别拉祜文掌握情况

能够非常熟练书写拉祜文的男性和女性均有分布,比例相同。基本能写拉祜文的男性要明显多于女性,基本不会书写拉祜文的男性略高于女性,而完全不会书写拉祜文的女性要明显高于男性。可见,拉祜族的文字书写水平存在性别差异,男性的书写水平明显高于女性。

3. 受教育程度特点

大多情况下语言文字的书写能力和受教育程度关系密切,呈正相关,但通过考察我们发现,拉祜族的文字书写能力和受教育程度有关系,但不完全呈正相关。完全不会书写拉祜文的被试者中,没上过学的占最大比例,部分上过小学和初中。非常熟练书写拉祜文的被试者大部分集中在上过初中的被试者群体中。而基本能书写拉祜文的被试者则以没上过学的被试者为多,没上过学的比例要明显高于上过小学和初中的。这表明大部分被试者拉祜文的书写技能并非通过学校教育学习掌握。调查发现,拉祜族大部分信

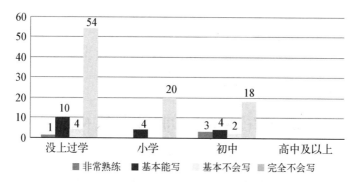

图 3－6　澜沧县拉祜族不同受教育程度拉祜文掌握情况

奉基督教,村寨中最好的建筑往往是教堂,周末和农闲时间人们都要到教堂做礼拜,拉祜文的《圣经》是最主要的读物。因此,大部分拉祜族的拉祜语和拉祜文都是在教堂习得的。所以,即使没上过学的拉祜族人也能基本掌握拉祜文的书写技能。

在调查问卷中,有一项是对拉祜文发展前景的民意态度调查:

您希望以下拉祜文有什么样的发展前景?

A. 更大发展　B. 顺其自然　C. 不再使用　D. 无所谓

希望拉祜文能有更大发展空间的有 103 人,占 86.4%;选择顺其自然的有 13 人,占 11%;持无所谓态度的有 3 人,占 2.4%;还有 1 人选择不再使用。调查表明大多数的人还是希望拉祜文能得到更好的发展。

调查表明大多数的拉祜族人不认识拉祜文,尤其是新拉祜文,更谈不上使用了。所调查的人当中能认识的拉祜文都指的是老拉祜文,但除了在教会活动中经常使用外,其他场合应用很少,因此大多数人不是很熟练。随着社会的发展,拉祜语拼音文字自身的缺陷和拉祜族族际共同语的形成,为云南拉祜语文字的推广应用提出了前所未有的挑战。尽管目前文字的推广和应用情况不是很理想,但是大多数的拉祜人还是对拉祜文的发展持积极的态度。

第二节　新巴尔虎右旗蒙古族聚居区文字使用情况

一、新巴尔虎右旗蒙古文使用整体情况与特点

（一）新巴尔虎右旗蒙古文使用整体情况

调查组对蒙古族居民的蒙古文和汉字的书写熟练程度进行了考察，分别对蒙古文和汉语普通话的听、说、读、写四项基本能力进行了考察。以听为例，按照完全能听懂、基本能听懂、能听懂一些日常用语和完全听不懂四个等级进行划分。其中，读和写的熟练程度代表了文字能力，该部分主要对读和写的熟练程度进行分析。在 65 名调查对象中，能使用蒙古语熟练读书看报的共 47 人，占被试者总数的 72.31%，能阅读简单的蒙古文的有 7 人，占 10.77%，基本看不懂蒙古文文章的有 2 人，占 3.08%，完全不会阅读蒙古文文章的有 9 人，占 13.84%。能非常熟练书写蒙古文的被试者共 41 名，占总数的 63.07%，基本能写的共 13 人，约占 20%，基本不会写的共 0 人，约占 0%，完全不会写的共 11 人，约占 16.92%。

表 3 - 2　蒙古语读、写能力等级分布表

熟练程度	蒙古文阅读能力		蒙古文书写能力	
	人数	占比	人数	占比
非常熟练	47	72.31%	41	63.07%
能简单读写	7	10.77%	13	20%
基本不会	2	3.08%	0	0
完全不会	9	13.84%	11	16.92%

根据上表的统计,能够熟练阅读蒙古语文章并同时熟练书写蒙古文的被试者共 41 名,约占 63.07%;完全不会阅读蒙古文文章同时完全不会书写蒙古文的共 9 名,约占 13.84%;能看懂简单的蒙古文文章同时能书写简单的蒙古文的共 7 名,约占 10.77%。由此可见,非常熟练掌握蒙古文的被试者比例最大,已超过半数,新巴尔虎右旗蒙古文掌握情况较好。

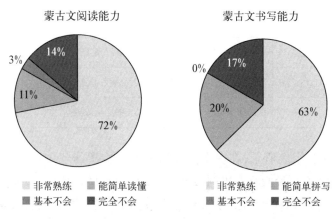

图 3-7　新巴尔虎右旗蒙古族蒙古语读写能力对比

通过以上对比可以发现,能够非常熟练阅读蒙古文和能够非常熟练书写蒙古文的被试者分布情况比较接近,完全不会书写蒙古文和完全不会阅读蒙古文的被试者分布情况也比较接近,而基本能书写蒙古文的被试者比例明显大于能看懂简单蒙古文的被试者比例,不存在基本不会书写蒙古文的被试者,而少量被试者基本不会阅读蒙古文。蒙古文的阅读能力好于书写能力,两种能力互相影响,相辅相成。

（二）新巴尔虎右旗蒙古文使用特点分析

1. 年龄特点

我们在掌握蒙古文整体的读和写能力的基础上,按照不同的年龄,将蒙古文的读写能力再次进行分类,列为表 3-3。A 为非常熟练,B 为能简单读懂/拼写,C 为基本不会,D 为完全不会,下同。

表 3-3 不同年龄段蒙古语读写能力等级分布表

年龄	对蒙古语的掌握程度之读				对蒙古语的掌握程度之写			
	A	B	C	D	A	B	C	D
8—19	18.46%	1.54%	1.54%	1.54%	16.92%	4.62%	0	1.54%
20—39	32.31%	0	1.54%	0	26.15%	6.15%	0	1.54%
40—59	13.52%	3.08%	0	9.23%	12.31%	4.62%	0	9.23%
≥60	7.69%	6.15%	0	3.08%	7.69%	4.62%	0	4.62%

　　根据上表所示,在完全能读懂蒙古文文章的各个年龄段中,20—39 岁年龄段所占比例最大,60 岁以上年龄段比例最小,其他两个年龄段各个级别的分布情况类似。完全看不懂蒙古文文章的被试者中,40—59 岁年龄段的比例最高,60 岁及以上年龄段次之。

　　不同年龄段的被试者所掌握的蒙古文阅读能力显然不同,蒙古文阅读能力与年龄分布密切相关。8—19 岁年龄段的被试者以具有一定文化水平的青少年组成,有些正在读小学、初中、高中等,因此该年龄段被试者的阅读能力从完全能看懂到完全看不懂均有分布,并具有一定的可塑性,随着被试者受教育水平的变化,会发生变化。20—39 岁年龄段的被试者以青壮年为主,绝大部分被试者能够完全看懂蒙古文文章,一小部分被试者基本看不懂蒙古文文章。完全看不懂蒙古文的被试者都集中在 40 岁以上的两个年龄段,以 40—59 岁为主。

　　各年龄段中均不存在"基本不会写蒙古文"的被试者,"基本能写蒙古文"在四个年龄段中分布均匀,相差不大。能够非常熟练书写蒙古文的被试者则呈现明显差异,其中 20—39 岁年龄段的比例最大,远高于其他年龄段,8—19 岁年龄段次之,60 岁及以上年龄段比例最小。而完全不能书写蒙古文的被试者中,40—59 岁年龄段的比例最大,60 岁及以上次之,其他两个年龄段均有分布。

蒙古文阅读能力和书写能力的分布基本一致,其中,20—39岁年龄段掌握能力最好,40—59 岁年龄段两极分化较为严重,60岁及以上年龄段分布较为均匀,8—19 岁年龄段具有一定的可塑性。年龄因素对蒙古文的读写掌握能力存在一定程度的影响。青壮年的读写能力较强,中老年的读写能力稍差,青少年的读写能力具有一定的可塑性。

2. 受教育程度特点

我们根据被试者的受教育程度对蒙古语的读写能力进行分类,被试者中有从未上过学的,也有正在读大学的大学生,受教育程度分布不均。

表 3－4　不同受教育程度蒙古文读写能力等级分布表

受教育程度	对蒙古语的掌握程度之读				对蒙古语的掌握程度之写			
	A	B	C	D	A	B	C	D
未上过学	0	1.54%	0	4.62%	0	11.54%	0	4.62%
小学	13.85%	6.15%	1.54%	4.62%	10.77%	69.23%	0	46.15%
初中	24.62%	0	1.54%	1.54%	21.54%	3.08%	0	3.08%
高中	21.54%	3.08%	0	3.08%	21.54%	3.08%	0	3.08%
大专及以上	12.31%	0	0	0	9.23%	3.08%	0	0

由上表可以看出,能够熟练阅读蒙古文的被试者中,未上过学的人数为0,初中文化水平的人数比例最高,高中次之,大专及以上第三;能读懂简单文章的被试者中大专及以上学历的人数为0,基本读不懂和完全读不懂中大专及以上学历的人数为0。在书写能力方面,能够熟练书写蒙古文的被试者中,初中和高中文化水平比例最大,其次为小学水平,再次为大专及以上学历。完全不会书写蒙古文的被试者中,大专及以上学历人数为0,小学文化水平比例最多,未上过学次之。

在五个教育程度的分类中,未上过学的只存在两种情况,能看懂简单用语和完全看不懂蒙古文;大专及以上学历的全部选择完全能看懂蒙古文文章;初中文化水平的,绝大多数能够完全看懂蒙古文文章,极小一部分基本看不懂和完全看不懂;高中及中专文化水平的大部分完全能看懂,也存在一部分能看懂简单用语和完全看不懂的;小学水平的则完全能看懂的比例最大,能看懂简单用语的次之,完全看不懂的再次,基本看不懂的最少。

五个受教育程度中,均不存在基本不会写的被试者。未上过学的被试者只存在两种情况,基本能写和完全不会写,其中完全不会写的比例较高;小学文化水平的被试者中,三种情况均有分布。初中、高中文化水平的被试者熟练程度分布完全相同,能够非常熟练书写蒙古文的比例最大,基本能写和完全不会写的比例较小;大专及以上文化水平的被试者只存在两种情况,非常熟练地书写和基本能写。

以上分布表明蒙古文的读写能力与被试者的文化水平呈正相关,未上过学的读写能力明显低于其他文化水平,而教育程度最高的大专及以上水平100%能够非常熟练地阅读蒙古文文章,大部分能够非常熟练地书写蒙古文,一小部分能够基本书写蒙古文。初中和高中文化水平中大部分能够非常熟练地阅读和书写蒙古文。

小学水平因存在小学在读学生,阅读和书写水平三项均有分布,表现出一定的差异性和可塑性。受教育水平越高,被试者的蒙古文阅读和书写能力越强,受教育程度直接影响了蒙古文的阅读和书写能力。

二、新巴尔虎右旗汉字使用整体情况与特点

(一)新巴尔虎右旗汉字使用整体情况

我们在考察蒙古文读写能力的同时,对于蒙古族的汉语读写能力也进行了考察,如下表:

表 3-5　新巴尔虎右旗蒙古族汉语读、写能力等级分布

熟练程度	汉语阅读能力		汉语书写能力	
	人数	占比	人数	占比
非常熟练	41	63.07%	27	41.53%
能简单读写	14	21.53%	21	37.3%
基本不会	3	4.61%	6	9.23%
完全不会	7	10.76%	11	16.92%

由上表可以看出,非常熟练的比例最高,基本不会的比例最小。汉语阅读能力总体水平较高。而汉字书写能力中,能够熟练书写汉字的仅占总数的41.53%,少于50%,而完全不会书写汉字的比例为16.92%,汉字书写的总体水平偏低。

被试者的汉语阅读能力要好于汉语书写能力。能够非常熟练地阅读汉语文章的比例高于60%,而能够非常熟练地书写汉字的比例只有40%左右。被试者总体的汉字书写水平较低。

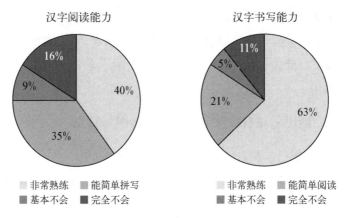

图 3-8　新巴尔虎右旗蒙古族汉语读写能力对比

（二）新巴尔虎右旗汉字使用特点分析

1. 年龄特点

表 3-6　新巴尔虎右旗蒙古族不同年龄汉语读写能力等级分布

年龄	对汉语的掌握程度之读				对汉语的掌握程度之写			
	A	B	C	D	A	B	C	D
8—19	18.46%	3.08%	0	1.54%	12.31%	9.23%	0	1.54%
20—39	26.15%	4.62%	1.54%	1.54%	20%	7.69%	1.54%	4.62%
40—59	15.38%	9.23%	0	1.54%	7.69%	10.77%	6.15%	1.54%
≥60	3.08%	4.62%	3.08%	6.15%	1.54%	4.62%	1.54%	9.23%

　　由上图可见,能够熟练阅读汉语文章的被试者中,20—39 岁年龄段的人数最多,60 岁及以上的人数最少;完全看不懂汉语文章的人中,60 岁以上的最多,其他年龄段分布均等。能够熟练书写汉字的被试者中,20—39 岁年龄段的人数最多,完全不会书写汉字的 60

岁及以上年龄段的人数最多。

能够完全读懂汉语文章的人主要分布在 59 岁以下的三个年龄段中,其中 20—39 岁最多。而完全看不懂汉语文章的人主要分布在 60 岁及以上年龄段中,并随着年龄的增长逐步递增,8—19岁最少,20—39 岁次之,40—59 岁逐渐增多,60 岁及以上最多。能看懂简单汉语文章的人在前三个年龄段中随着年龄的增长而增多,到达 60 岁以后,逐步递减。基本看不懂汉语文章的人分布在20—39 岁和 60 岁及以上两个年龄段中,并呈现出随年龄递增的趋势。由此可见,随着年龄的增长,汉语阅读能力呈现出负增长。汉语阅读能力随年龄增长而逐步下降。

能够非常熟练书写汉字的人主要集中在前三个年龄段,而完全不会书写汉字的人主要集中在 60 岁及以上年龄段,基本能写的在四个年龄段均有分布,基本不会写的在后三个年龄段中均有分布。20—39 岁年龄段中,能非常熟练书写汉字的和基本能书写汉字的比例最高,8—19 岁年龄段次之。由此可见,汉字书写能力和年龄具有负相关性,年龄越小的水平越高。

2. 受教育程度特点

按照不同的受教育程度将汉语的读写能力等级进行分类,得到表 3 - 7:

表 3 - 7　新巴尔虎右旗蒙古族不同受教育程度汉语读写能力分布

受教育程度	对汉语的掌握程度之读				对汉语的掌握程度之写			
	A	B	C	D	A	B	C	D
未上过学	0	1.54%	1.54%	3.08%	0	0	1.54%	4.62%
小学	10.77%	6.15%	1.54%	7.69%	6.15%	9.23%	1.54%	9.23%

受教育程度	对汉语的掌握程度之读				对汉语的掌握程度之写			
	A	B	C	D	A	B	C	D
初中	16.92%	9.23%	1.54%	0	7.69%	13.85%	3.08%	3.08%
高中	23.08%	4.62%	0	0	15.38%	9.23%	3.08%	0
大专及以上	12.31%	0	0	0	12.31%	0	0	0

大专及以上学历的被试者全部能够熟练阅读汉语文章、书写汉字。而未上过学的被试者中 0 人能够熟练阅读汉语文章、0 人能够熟练书写汉字、0 人能够书写简单汉字。大专及以上学历和未上过学的被试者形成了鲜明的对比。由此可见,受教育程度与汉语的读写能力密切相关。

能够完全看懂汉语文章的人中,从未上过学的 0 人,随着教育程度的升高逐步递增,大专以上学历的被试者 100%能够完全看懂汉语文章。能够看懂简单用语的被试者从未上过学到小学、初中逐步递增。基本看不懂汉语文章的人在前三个年龄段中分布均匀。完全看不懂汉语文章的人在初中、高中、大专以上学历中没有分布。由此可见,汉语阅读能力与被试者的教育水平密切相关。随着教育水平的提高,阅读能力明显增强。

未上过学的被试者汉语书写等级仅存在完全不会写和基本不会写两个等级,其中完全不会写的比例最高。而大专及以上学历的被试者,100%能够熟练书写汉字。从小学到初中、高中,随着受教育程度的升高,能够非常熟练地书写汉字的被试者比例逐步增加,高中比例最高。高中和大专及以上两个受教育程度中,完全不会书写汉字的被试者为 0 人,基本不会写字的比例很小。由此可见,受教育程度对汉语书写能力存在着很大的影响。受教育程度越高,汉字书写能力越强。

第四章 少数民族聚居区居民的语言态度

第一节 澜沧拉祜族聚居区居民的语言态度分析

语言态度是社会语言学研究的主要范畴,其经典定义主要有以下几种观点。道布认为,语言态度是"少数民族对自己的母语和自己语言社区以外的更为通用的强势语言,主观上必然形成一定的态度"①。王远新认为:"在双语和多语社会中,由于社会或民族认同、情感、目的和动机、行为倾向等因素的影响,人们会对一种语言或文字的社会价值形成一定的认识或作出一定的评价,这种认识和评价通常称为语言态度。"②戴庆厦认为:"语言态度是指人们对语言的使用价值的看法,其中包括对语言的地位、功能以及发展前途等的看法。"③以上概念表明:语言态度指的是语言使用者对语言主观的、群体的态度,是一个群体大多数个体对所接触的语言文字的评价和愿望所表现出的共同倾向,包括对语言价值的评价、

---

① 道布《语言活力、语言态度与语文政策——少数民族语文问题研究》,《学术探索》2005 年第 6 期,第 99 页。

② 王远新《论我国少数民族语言态度的几个问题》,《满语研究》1999 年第 1 期,第 87 页。

③ 戴庆厦《社会语言学教程》,中央民族大学出版社,1993 年。

语言地位和语言发展的看法以及因态度影响的行为倾向。语言态度是人们对所处社会环境的反应,显现了人们对不同语言和语言变体的认识和选择,也能由此看到某些社会群体成员自身的价值观念和心理特征。语言态度深藏于语言人的心理底层,形成一种根深蒂固的语言信念,并且常常以十分微妙的方式影响着语言人对有关语言变体及其代表的社会文化特点的认识,影响着语言人的语言能力和语言行为。对澜沧县拉祜族人的语言态度进行调查和分析,对拉祜语的保护和汉语的教学都有重要的意义。

本研究通过对拉祜族聚居区 3 个调查点居民的个体语言态度的测试和统计,了解群体的语言态度倾向,并对影响语言态度的因素进行分析。在此次语言调查中,为了更好地呈现当地拉祜族人对本民族语言文字的保护与传承态度,我们在调查问卷当中设计了有关语言态度的问题 19 个,分别对澜沧县 3 个拉祜族村民聚居点进行了详细的问卷调查,调查对象涉及不同性别、年龄和文化程度的 120 人。

一、语言态度数据分析

对社会群体语言态度的判断,社会语言学研究的方法常常通过感情态度和理智态度来考察。陈松岑认为,感情态度是指"说话人或听话人在说到、听到某种语言时,在情绪、感情上的感受和反应",理智态度是指"说话人或听话人对特定语言的实用价值和社会地位的理性评价"[①]。语言态度是一种复杂的社会心理现象,本研究基于调查数据,从情感态度、理智态度、行为倾向三方面对拉祜族聚居区居民的语言态度进行观测和分析。

---

① 陈松岑《新加坡华人的语言态度及其对语言能力和语言使用的影响》,《语言教学与研究》1999 年第 1 期,第 81 页。

（一）情感态度

语言的情感态度是一种较为直接的情感流露,是从情感出发来看待、评价和选择语言的使用,可以从被试者对母语及汉语的直接感情评价、掌握汉语普通话的态度以及对他人对语言选择的感触等方面来检验。通过被试者对拉祜语、汉语的情感态度,对拉祜族未来只会说拉祜语的态度,对从在外地学习或工作的同胞回到家乡不再说拉祜语的态度等问题的测试,依据调查数据绘制直方图,分析如下。

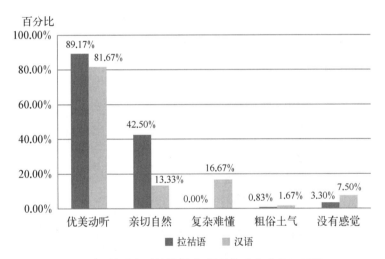

图 4 - 1　被试者对拉祜语、汉语的情感态度(N = 120)

图 4 - 1 的数据显示的结果是被试者对拉祜语和汉语的情感态度:从语言情感来看,大部分被试者们对拉祜语和汉语都是以"优美动听""亲切自然"为主,表明被试者对拉祜语和汉语都有着强烈的情感认同。有 16.67% 的人对汉语普通话有"复杂难懂"的情绪,据深入分析我们发现这部分被试者汉语普通话水平较低,也表明语言能力的高低对语言情感会产生一定的影响。

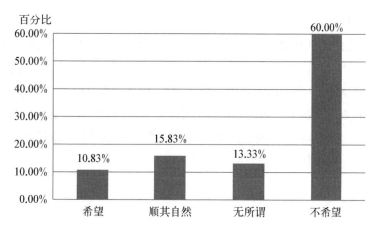

图 4－2   拉祜族居民对如果将来拉祜族人民只会说汉语的态度（N＝120）

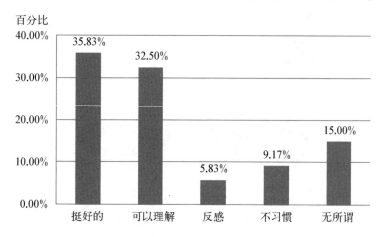

**图 4－3   拉祜族人对从在外地学习或工作的同胞回到家乡
不再说拉祜语的态度（N＝120）**

图 4－2 和图 4－3 的数据显示：在拉祜族被试者对将来拉祜族
人民只会说汉语的态度的调查中，60.00％的被试者表示"不希望"，
大多数的母语人对自己的本民族语言有着非常忠诚的态度。对待
他人从外地回来不说拉祜语的情况，大部分人表示"挺好的"或"可

以理解",也有5.83%明确表示反感,表明大部分被试者对周围人转用汉语并没有太多抵触情绪,对汉语普通话的使用有一定认同感。

从对汉语、拉祜语的情感态度来看,被试者对拉祜语和汉语均有着强烈的情感认同。大部分被试者对整个拉祜族只会说汉语的观点不赞同,语言是民族构成的重要因素,民族语在家庭、家族和群体内部传递着特殊的情感意义,拉祜族人希望拉祜语能永久地传承和发展,但其中大部分人也对他人转用汉语的语言行为表示能够理解。

（二）理智态度

语言理智态度指从认知出发来看待、评价和选择语言,关注的是语言的社会功能和实用价值,可以通过对语言地位评价、语言前景期待、语言学习动机、语言学习期待等角度进行分析。基于被试者对汉语普通话的价值评价,拉祜族居民对掌握汉语普通话的态度,对拉祜族人都成为拉祜、汉语双语人的态度,学好汉语、拉祜语最重要的作用,对拉祜语、汉语发展前景的态度等问题的测试结果,绘制直方图及分析如下。

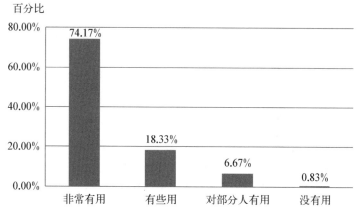

图4-4　被试者对汉语普通话的价值评价(N=120)

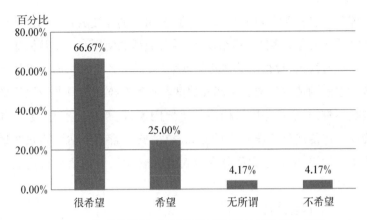

图 4-5   拉祜族居民对掌握汉语普通话的期待(N=120)

图 4-4、4-5 的数据显示:大部分被试者认为汉语普通话"非常有用",对汉语的价值评价较高,只有 0.83% 认为"没有用"。因此,大部分被试者对"掌握汉语普通话"态度积极,被试者中只有 5 位被试者表示"不希望"掌握汉语普通话,这 5 位被试者年龄均在 60 岁以上,选择的原因主要是因为汉语学起来比较困难,他们对汉语普通话感觉"复杂难懂"。

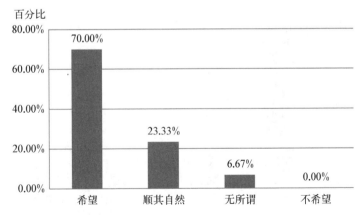

图 4-6   被试者对拉祜族人都成为拉祜语、汉语双语人的态度(N=120)

图4-6数据显示：大部分被试者对成为拉祜语、汉语双语人的态度是积极的，有70%的明确表示"希望"，也有6.67%的被试者表示"无所谓"，没有被试者明确表示不愿意成为双语人。

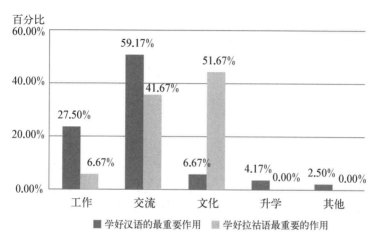

图4-7　被试者认为学好汉语、拉祜语最重要的作用(N=120)

图4-7的数据表明，交流是学好语言的重要原因，也体现了语言是交流工具的特性，"便于与外族人交流"是拉祜族人学好汉语的重要原因，"更好地与本族人交流"是学好拉祜语的重要原因。通过学习语言了解文化，是一种更高精神层面的追求，特别是在非母语的学习时，交流往往是第一目的。因对汉文化的需求而学好汉语被试者较少；当语言水平达到一定的高度，语言人的需求层次不再仅仅停留在交流上，更注重精神领域的感悟，拉祜族居民对本民族语言已经非常熟练，对文化的需求"提高自身对母语文化的了解"自然占了重要的位置。数据也显示拉祜族被试者对汉语的学习以目的驱动为主，除交流的目的外，27.50%的被试者"找到好的工作，得到更多的收入"是学好汉语的重要原因，表明掌握了汉语能给拉祜族居民增加就业的选择和机会。其次，升学也是汉

语学习的原因,4.17%的人选择"升学的需要"。这个数据也是因为拉祜族聚居区的居民受教育程度普遍偏低,基本都属于初中以下文化水平,对更高层次的升学需求本身不是很强烈。

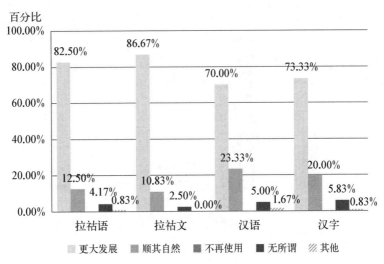

图 4-8　被试者对拉祜语、汉语发展前景的态度(N=120)

图 4-8 数据显示出拉祜族被试者对语言文字的发展前景的态度:大部分的被试者对拉祜语、拉祜文、汉语、汉字的未来都希望有"更大发展",对拉祜语、汉语的语言文字的未来期待都是积极的。虽然拉祜族人普遍对文字的掌握能力低于对语言的掌握能力,但是却对拉祜文、汉字的发展前景寄寓了甚至比语言更多的希望;特别是对拉祜族文字更大发展的期待非常强烈。民族文字是民族特征的象征,是保留本族传统文化的重要工具,正因为拉祜文字的普及率极低,拉祜族居民对此寄托了更大的希望。

对理智态度的调查表明调查对象对拉祜语及汉语普通话的理智评价都较高。拉祜语在拉祜族聚居区占主要地位,特别是在族内交际中发挥着非常重要的作用;而汉语在聚居区也有着重要作用,拉祜族居民在与汉族及其他少数民族进行交流时,汉语是最重要的族际用语,被试者对成为双语人的态度非常明确和积极。

（三）行为倾向分析

行为倾向可以从语言人的具体语言行为或是对下一代的教育方式等方面进行考察,本研究从最先传授的语言以及择校方面进行考察。通过对生活中最重要的语言的选择,最希望子女学会的语言,最先教会子女的语言以及为下一代择校等问题的测试,基于数据,绘制直方图及分析如下。

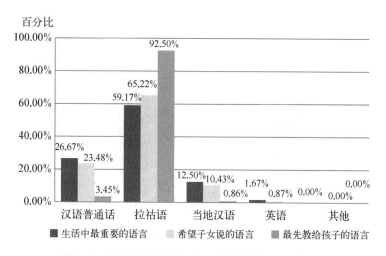

图4-9 拉祜族居民对生活中最重要的语言的选择/
最希望/最先教会子女学会的语言

图4-9数据可显示出以下几点:59.17%的被试者认为拉祜语是最重要的语言,其次才是汉语普通话,当地汉语也在交际过程中起到一定的作用;在对下一代的希望中,拉祜语仍然是拉祜族人重要的选择,形成原因既有日常交际中语言需要的影响,也有自然深厚的情感在主导,65.22%的被试者选择最希望自己的子

女学会说拉祜语;拉祜族人对本民族语言有着自觉的语言传承意识,92.50%的被试者愿意先教会下一代本民族语言。从三个问题测试数据综合分析可以发现:其中一部分被试者虽然认为汉语普通话是生活中最重要的语言,但依然最希望自己的子女学会拉祜语;一部分被试者虽然最希望自己的子女学会说汉语普通话,但仍然最先教给孩子拉祜语。值得关注的还有在教育等因素的影响下,英语在拉祜族聚居区逐渐进入人们的视野,也逐渐有人表示有兴趣学习。

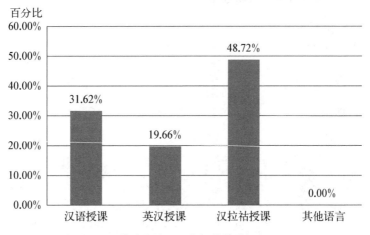

图 4-10　被试者给下一代择校的选择(N=120)

　　图 4-10 的数据显示出大部分的被试者愿意选择汉语拉祜语双语授课的学校;部分被试者选择汉语授课的学校,他们认为这样可以更快地学会汉语;也有 19.66%的被试者希望把孩子送到"用英语和汉语授课的学校",这部分被试者主要集中在唐胜老寨,他们与外界接触较多,渐渐意识到选择英汉授课的双语学校对升学有一定帮助。

　　通过行为倾向的数据分析,我们发现:拉祜语是在拉祜族家庭教育中最先传授的语言,也是父辈一代认为最重要的语言。民族语在代际传承过程中,老一辈不知不觉地将祖辈的语言、连同对本族语的感情和忠诚传输给年轻的后辈,这种潜移默化的行为倾向也是拉祜语能得到良好传承的重要原因。择校观念能从一定程度上反映出被试者对未来语言格局的期待,大多数的家庭为了让自己的后代获得更多机会,父母通常会为子女的语言做出有汉语授课的选择,但是他们通常又不希望自己的孩子放弃母语,因此大多数被试者选择用汉语和拉祜语双语授课的学校。

二、拉祜族聚居区居民语言态度分析结论

通过对情感态度、理智态度、行为倾向等方面的分析,可以得出以下结论:

(一)被试者对待拉祜语及汉语普通话的情感态度和理智态度都是积极的,对拉祜语、汉语普通话的学习以及成为"双语人"的态度都是明确的。

澜沧拉祜族自治县是拉祜族聚居的地方,但同时也杂居有汉族与哈尼族、傣族、彝族、佤族等其他少数民族,各民族之间往来频繁,这种语言环境下容易出现双语或多语现象。"拉祜语-汉语"双语语言环境是在拉祜族地区比较明显的语言现象。从调查问卷问题设计和数据结果分析,我们大致可以看出拉祜族聚居区居民的双语态度。澜沧县拉祜族是能够接受"拉祜语-汉语"双语现象的,有相当部分拉祜族愿意成为双语人。在一些本身有汉语基础的家庭也更乐意自己的下一代能成为双语人,如东回乡班利村村民王扎阿一家,他们所有的家庭成员都会拉祜语和汉语两种语言,且两种语言都非常熟练。户主王扎阿跟妻子学会了汉语,他认为汉语很有用,出了这个寨子在很多地方都要用。现在正在上学前

班的小孙子王毛平,也正在学说汉语,除了学校有老师教,家里人也在家和他积极地说汉语,目前他的汉语水平也不错,能与调查人员进行简单交流。

（二）被试者对母语的情感更为深厚,对母语学习的驱动主要来源于根深蒂固的情感和聚居区母语为主的交流现状;对汉语的学习以目的驱动为主,汉语长期以来所发挥的重要社会交际功能和工作需求是学习的重要原因。

澜沧拉祜族自治县的拉祜族主要使用本民族语言拉祜语,从问卷调查结果来看,他们对拉祜语的重视程度非常高,在拉祜语言文字的使用、保护和未来发展前景等方面有着较好的传承意识。在语言的发展前景排序方面,拉祜语和拉祜文的排位都位列前端,可见他们希望本民族语言文字有"更大发展"。澜沧拉祜族自治县是全国唯一的拉祜族自治县,这里聚居着全国绝大多数的拉祜族,集中聚居的生存环境为拉祜族的语言文字保护与传承提供了良好的平台,可以在很大程度上抵御外来文化的影响。同一个民族聚居,单一的语言环境,较少的外界交流,是拉祜语言文字得以保存的必要条件,也是拉祜族对待拉祜族语言文字态度高度一致的重要原因。在语言的重要性排序、语言文字的发展前景和语言的情感态度问题中,汉语普通话的重要程度都是紧随拉祜语,位于第二位置,而当地汉语方言、英语和其他民族语言的重要程度依次递减。

（三）从被试者的行为倾向来看,虽然少部分拉祜族人在行为上有不一致的倾向,但并没有与情感态度、理智态度表现出明显的矛盾。整体来看,拉祜族人在对待本族语文和汉语文在情感及理智态度上,均具有强烈的认同倾向,也愿意付诸行动,成为"双语人"是他们的迫切心愿。目前拉祜族聚居区的语言生活和谐,各民族关系融洽,这是情感态度、理智态度和行为倾向基本保持一致的重要原因。

三、影响澜沧拉祜族聚居区居民语言态度的因素分析

语言态度的形成同人的社会价值取向有密切的关系。本研究采用 SPSS 统计软件对数据量化后进行统计分析,采用独立样本 T 检验、单因素 ANOVA、双变量相关性分析等方法,分析影响拉祜族地区居民的语言态度的相关因素①。

（一）年龄与部分语言态度之间有显著相关性

表 4-1　年龄与语言态度的相关性分析结果（N=120）

		希望学会 汉语普通话	汉语普通话 的重要性
年龄	Pearson 相关性	−0.292**	−0.181*
	显著性（双侧）	0.001	0.047
	N	120	120

注：表格数据使用 SPSS 双变量相关性分析中的 Pearson 双侧显著性检验方法得到。

* 在 0.05 水平（双侧）上显著相关。 ** 在 0.01 水平（双侧）上显著相关。

1. 年龄与"希望学会说汉语普通话"的态度在 0.05 水平（双侧）上存在显著的负相关,表明年龄段与学汉语普通话的意愿程度呈负相关,年龄越小的被试者对汉语普通话的学习意愿越强烈。

2. 年龄与"汉语普通话的重要性"的态度在 0.01 水平（双侧）

---

① 由于篇幅有限,以下图表只提供了显著相关的数据,如需全部数据可与作者联系。

上都存在显著的负相关,表明年龄越小的被试者觉得汉语普通话越重要。

(二)语言能力与部分语言态度之间有显著相关性

表 4-2 语言态度与语言能力的相关性分析结果(N=120)

		普通话-听	普通话-说	普通话-读	普通话-写
希望学会普通话	Pearson 相关性	0.209*	0.228*	0.214*	0.196*
	显著性(双侧)	0.022	0.012	0.019	0.032
汉语普通话重要性	Pearson 相关性	0.156	0.201*	0.243**	0.226*
	显著性(双侧)	0.089	0.028	0.007	0.013

1. 汉语普通话的听说读写能力与"希望学会说汉语普通话"的态度在 0.05 水平(双侧)上存在显著的正相关,表明被试者的汉语普通话能力与学汉语普通话的意愿程度成正比,意愿越强烈,汉语普通话能力就越强。

2. 汉语普通话的说与写能力与"汉语普通话的重要性"的态度在 0.05 水平(双侧)上存在显著的正相关;汉语普通话读的能力与"希望学会说汉语普通话"的态度在 0.01 水平(双侧)上存在显著的正相关。这些均表明被试者对汉语普通话重要性的态度会影响到汉语普通话的能力,认为汉语普通话越重要其汉语普通话能力越强。

(三)地域与部分语言态度之间有显著相关性

调查结果表明,地域与拉祜族居民的语言态度相关性较大,可以说明地域对拉祜族语言态度的影响较大。

表4-3　地域与语言能力的相关性分析结果(N=120)

因变量	(I)地域	(J)地域	均值差(I−J)	标准误	显著性	95%置信区间	
						下限	上限
是否希望学会汉语普通话	老达保村	唐胜老寨	0.250	0.201	0.652	−0.24	0.74
		班利村	−0.250	0.201	0.652	−0.74	0.24
	唐胜老寨	老达保村	−0.250	0.201	0.652	−0.74	0.24
		班利村	−0.500*	0.201	0.044	−0.99	−0.01
成为拉普双语的态度	老达保村	唐胜老寨	−0.200	0.197	0.933	−0.68	0.28
		班利村	−0.700*	0.197	0.002	−1.18	−0.22
	唐胜老寨	老达保村	0.200	0.197	0.933	−0.28	0.68
		班利村	−0.500*	0.197	0.037	−0.98	−0.02
汉语普通话语言发展前景	老达保村	唐胜老寨	−0.175	0.099	0.236	−0.41	0.06
		班利村	−0.350*	0.099	0.002	−0.59	−0.11
	唐胜老寨	老达保村	0.175	0.099	0.236	−0.06	0.41
		班利村	−0.175	0.099	0.236	−0.41	0.06

注:表格数据使用 SPSS 单因素 ANOVA 多重检验方法得到。
*均值差的显著性水平为 0.05。

1. 在对待"是否希望学会汉语普通话"问题的态度上,唐胜老寨的被试者与班利村的被试者之间有显著差异。

2. 在对待"是否希望自己成为拉祜语-汉语双语人"的态度上,唐胜老寨的被试者与班利村的被试者之间、老达保与班利村之间均有显著差异。

3. 在对待"汉语普通话发展前景"的问题上,班利村的被试者与老达保村的被试者之间存在显著差异。

(四)分析结论

1. 被试者对拉祜语的情感态度与性别、年龄、教育程度、语言能力、地域等均无显著相关。这表明拉祜族人对拉祜语的情感认同、理智认同以及行为倾向都表现出较强的稳定性,这也是拉祜语能在拉祜族聚居区内全民稳定使用的重要原因。

2. 被试者在学习汉语的意愿及汉语重要性的理智认识等问题上与其性别、年龄、教育程度之间有显著相关性。年轻一代通过学校教育等方式对汉语普通话有了更多的接触和了解,对待学习汉语普通话的态度也表现出更强烈的需求。

3. 经 SPSS 单因素多重检验显现出不同地域的被试者在对汉语相关的一些语言态度上形成明显的程度级差。本次调查中,存在显著性差异的三个地域的语言环境对语言态度产生了很大影响。班利村地处山区,居民与外界接触少,对待汉语普通话的相关语言态度更偏向保守。酒井哈尼族乡勐根村的老达保村虽地处半山区,但近年作为国内有名的特色旅游村寨对外开放,居民们与旅游者接触频繁,对汉语需求较多。勐朗镇唐胜村的唐胜老寨,地处坝区,交通便利,地理位置优越,经济发达,居民有较多的机会接触汉语普通话。这两个村寨居民的普通话水平相对较高,对待学习汉语普通话和成为双语人的态度更为积极。其次,被试者的汉语普通话能力越强,对汉语普通话的认知态度、情感态度越是积极。

语言态度对语言的保持和发展有着重要的作用,当语言态度与现实语言生活保持一致时,语言态度内部各要素的表现就比较统一,反之就会表现出一定的矛盾性。拉祜族聚居区居民对本民族语言有着明确的认同感和向心度,有自觉的语言传承意识;对待汉语普通话的学习有着非常明确的积极态度。从语言本身因素来看：积极的语言态度会产生积极的语言使用，从而提高整体的语言能力；较高的语言能力又会产生积极的语言使用，从而提高语言态度，形成良性的循环。从外部因素来看：语文政策、学校教育、社会需求等因素都对语言态度产生一定影响。关注少数民族聚居区居民的语言态度，重视影响语言态度的相关因素，坚持科学的语言文字观，对少数民族语言的发展及国家通用语言文字的推广非常重要。

第二节　新巴尔虎右旗蒙古族的语言态度分析

一、语言态度数据分析

（一）情感态度

新巴尔虎右旗为蒙古族聚居区，蒙古族同胞对于自己的母语有着深厚的感情。在蒙古语情感态度的调查中，我们分别调查和统计了 65 名被试者对待蒙古语、汉语、其他少数民族语言和外语的情感态度。其中，外语主要是英语和俄语，其他少数民族语言主要是达斡尔语等。结果如图 4 - 11 所示，有 50.77%的被试者认为蒙古语"优美动听"，44.62%认为蒙古语"亲切自然"，觉得蒙古语"复杂难懂""粗俗土气"的人数为 0。认为蒙古语"优美动听"和"亲切自然"者达到总数的 95.4%。这表明地处三国交界地区，对外交流频繁，生活在这里的蒙古族人虽然受到汉语、俄语、英语、达斡尔语等其他语言的影响，但新巴尔虎右旗的蒙古族人对于母语的感情无可替代，充满热爱。

从四种语言的情感态度对比中我们可以看出，新巴尔虎右旗

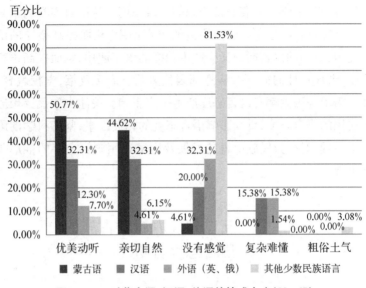

图 4 - 11   对蒙古语、汉语、外语的情感态度(N=65)

蒙古族人除对蒙古语表现出深厚浓烈的感情以外,对汉语也有较强的认同感,虽然也有被试者认为汉语"复杂难懂",但认为汉语"优美动听""亲切自然"的均分别占 32.31%,大部分被试者对汉语具有非常积极的情感态度。

对外语的情感态度测试表明,新巴尔虎右旗蒙古族人对于外语以没有感觉和其他难以描述的感觉为主,一部分觉得外语复杂难懂,只有少数人觉得英语、俄语等优美动听或亲切自然。与对外语的情感态度类似,蒙古族人对其他少数民族语言的态度以"其他难以描述的感觉"和"没有感觉"为主,少数人认为其他少数民族语言或优美亲切或复杂难懂。与对外语的情感态度不同的是,有少数人认为其他少数民族语言"粗俗土气",这是在对蒙古语、汉语和外语的态度中所没有的态度。表明个别蒙古族居民在对自己民族语言具有深厚感情的同时,对其他少数民族语言具有排斥心理。

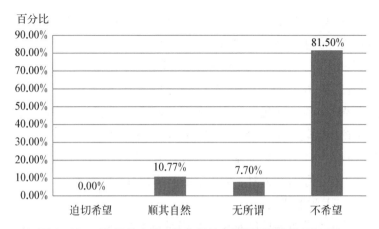

百分比

图 4-12 对如果将来蒙古族人民只会说汉语的态度(N=65)

在"如果将来蒙古族只会说汉语,您的态度是什么"的测试中,选择"迫切希望"的 0 人,选择"不希望"的 53 人,占 81.5%。可见,虽然大部分蒙古族人接受汉语普通话的推广和普及,但不希望母语被汉语普通话完全替代,对于继续使用母语存在明确的意愿。

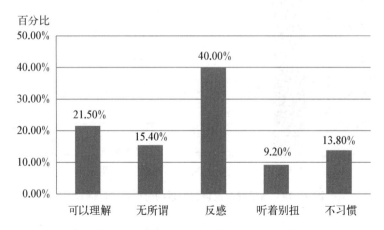

百分比

图 4-13 对从在外地学习或工作的同胞回到家乡不再说蒙古语的态度(N=65)

在"对于外出打工或学习一段时间后,回家乡不说蒙古语的人的看法"的测试中,表示"可以理解"仅有 14 人,占 21.5%;表示"无所谓"有 10 人,占 15.4%;表示"反感"有 26 人,占 40%;表示"听着别扭"6 人,占 9.2%;表示"不习惯"9 人,占 13.8%;其中,反感类共占 63%。新巴尔虎右旗作为旅游胜地,靠近通商口岸,对外交流较为频繁,年轻人外出打工和学习的情况不在少数,但大部分蒙古族人对于外出回家后不说母语仍存在着不同程度的反感情绪。大部分蒙古族人对于蒙古语的转用持有保守态度。

(二)理智态度

通过对蒙古族居民对汉语普通话的价值评价,蒙古族居民对学会汉语普通话的态度,对蒙古族人都成为蒙、汉双语人的态度,学好汉语、蒙古语最重要的作用,对蒙古语、汉语发展前景的态度等问题的测试,基于测试结果,绘制直方图并分析如下。

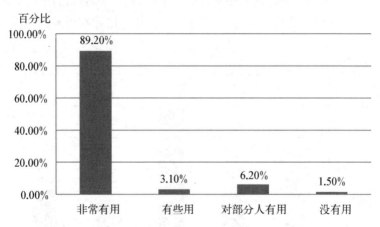

图 4－14　被试者对汉语普通话的价值评价(N＝65)

我们对于"您认为蒙古族人民掌握汉语普通话是否有用"进行了考察。认为"非常有用"的有 58 人,占 89.2%;认为"有些用"

的有 2 人,占 3.1%;认为"对部分人有用"的有 4 人,占 6.2%;认为"没有用"的有 1 人,占 1.5%。对于普通话的有用与否,绝大多数人表示普通话从不同程度上是非常有用的,但也存在认为普通话没有用的被试者,这与上题选择不希望掌握汉语普通话的情况一致。可见,在蒙古族聚居区,仍有部分蒙古族人较少或不参与对外交流,使用母语便可应付日常一切交流,因此会认为学习汉语普通话没有用,不希望掌握汉语普通话。

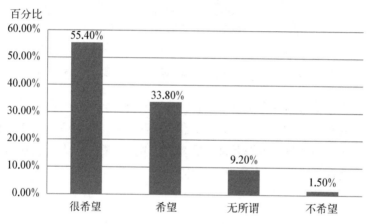

图 4 - 15　对学会汉语普通话的期待(N=65)

在"您是否希望掌握汉语普通话"的测试中,选择"很希望"的有 36 人,占 55.4%;选择"希望"的有 22 人,占 33.8%;选择"无所谓"的有 6 人,占 9.2%;选择"不希望"的有 1 人,占 1.5%。虽然蒙古族人对于汉语的情感态度各不相同,但大部分掌握汉语普通话的意愿比较强烈。

在大多数被试者认为掌握汉语普通话有用的基础上,我们进一步测试了"学好汉语的最重要作用",选择"为了找到好工作"的有 15 人,占 23.1%;选择"出于升学的需要"的有 8 人,占 12.3%;

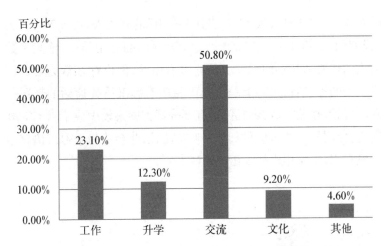

图4-16　被试者认为学好汉语、蒙古语的重要作用(N=65)

选择"便于与外族人交流"的有33人,占50.8%;选择"了解汉族文化"的有6人,占9.2%;选择"其他"的有3人,占4.6%。其中,选择"便于与外族人交流"的人最多。可见,在蒙古族人心目中,汉语普通话是对外交流的重要工具。

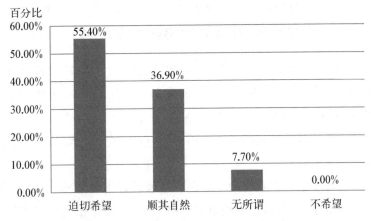

图4-17　被试者对蒙古族都成为蒙古语、汉语双语人的态度(N=65)

在"您是否希望成为蒙汉双语人"的测试中,选择"迫切希望"的有 36 人,占 55.4%;选择"顺其自然"的有 24 人,占 36.9%;选择"无所谓"的有 5 人,占 7.7%;选择"不希望"的有 0 人。可见,虽然对于汉语蒙古族人表现出不同的态度,但大部分人都具有强烈的意愿成为蒙汉双语人。

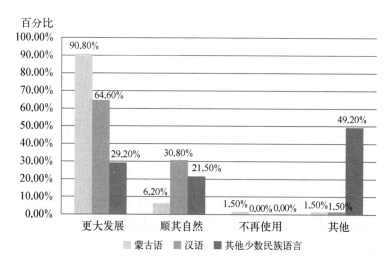

图 4-18　被试者对蒙古语、汉语、其他少数民族
语言发展前景的态度(N=65)

在"希望蒙古语有怎样的发展"的测试中,有 59 人选择"更大发展",占 90.8%;4 人选择"顺其自然",占 6.2%。可见,绝大多数的蒙古族人希望自己的母语有更大更好的发展。在"您希望汉语有怎样的发展"的测试中,选择"希望汉语有更大发展"的有 42 人,占 64.6%,选择"顺其自然"的有 20 人,占 30.8%。与蒙古语测试结果相比,希望汉语有更大发展的比例明显减小,希望汉语顺其自然发展的比例明显较高,可见蒙古族人对待母语和汉语的态度仍具有差别。在对其他少数民族语言的情感态度分析的基础上,

我们进一步测试了"希望其他少数民族语言有怎样的发展前景",其中希望其他少数民族语言"有更大发展"的有 19 人,"顺其自然"的 14 人,"不再使用"的 0 人,"其他"的 32 人,其中有 10 人表示无所谓。与希望蒙古语有更大发展的 59 人和希望汉语有更大发展的 42 人相比,希望其他少数民族语言有更大发展的人数明显减少,持无所谓态度的人数居多。

对理智态度的调查表明:调查对象对蒙古语及汉语普通话的理智评价都较高。蒙古语在蒙古族聚居区占主要地位,特别是在族内交际中发挥着非常重要的作用。而汉语在聚居区也有着重要作用,蒙古族居民在与汉族及其他少数民族进行交流时,汉语是最重要的族际通用语,被试者对成为双语人的态度非常明确和积极。

(三)行为倾向分析

通过对生活中最重要的语言的选择,最希望子女学会的语言,对孩子不说蒙古语的态度,基于数据,绘制直方图及分析如下。

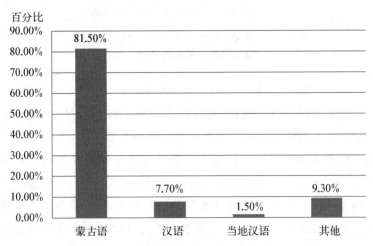

图 4-19   被试者希望孩子最先学会哪种语言(N=65)

　　在"希望孩子最先学哪种语言"的调查中,选择"蒙古语"的有53名,占81.5%;"汉语普通话"的5名,占7.7%;"当地汉语"的1名,占1.5%;其他选项共6名。可见,大部分被试者希望孩子最先学会母语,一小部分被试者出于适应社会发展,便于对外交流的需要,希望孩子最先学会汉语普通话和当地汉语。

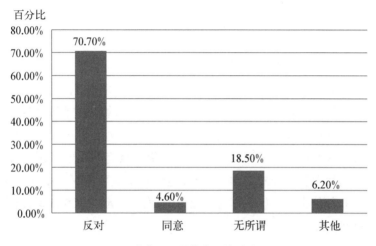

图4-20　对孩子不说蒙古语的看法(N=65)

　　在汉语普通话迅速普及、学习其他语言日益流行的当今社会,在蒙古族的后代中蒙古语已经不是唯一的交流用语,出现了蒙古语的转用现象。在"对孩子不说蒙古语的看法"中,有46名被试者选择"反对",占70.7%;有3名选择"同意",占4.6%;有12名表示"无所谓",占18.5%;有4名选择"其他",占6.2%。大部分的被试者反对孩子不说蒙古语;但也有近30%的人出于适应社会发展和对外交流的需要,或同意,或无所谓。

　　行为倾向的分析表明:蒙古语是蒙古族家庭教育中最先传授的语言,也是父辈一代眼中最重要的语言。民族语在代际传承过程中,老一辈不知不觉地将祖辈的语言连同对本族语的感情传输给年轻的下一辈,这种潜移默化的行为倾向也是蒙古语能得到良好传承的重要原因。对蒙古族孩子不讲蒙古语的态度与观念能从一定程度上反映出被试者对未来语言格局的期待,大多数的家庭为了让自己的后代获得更多机会,父母通常会为子女做出上有汉语授课的学校的选择,但是他们通常又不希望自己的孩子放弃母语。

二、蒙古族聚居区居民语言态度分析结论

通过对新巴尔虎右旗蒙古族人语言态度的调查分析,可以看出,新巴尔虎右旗的蒙古族人对母语具有深厚的感情,具有强烈的民族意识,对本民族的身份和文化具有强烈的认同感和自豪感。对母语这种认同的态度正是蒙古语强大生命力和稳定性的保证。蒙古族人对汉语普通话在生活中的重要性具有明确的认识,对汉语普通话表现出强烈的学习愿望,迫切希望成为蒙汉双语人。对外语和其他少数民族语言的接触较少,没有一定的感性认识,语言态度较为淡薄。

三、影响新巴尔虎右旗蒙古族聚居区居民语言态度的因素分析

本研究采用 SPSS 统计软件对数据进行量化统计分析,采用独立样本 T 检验、单因素 ANOVA、双变量相关性分析等方法,对影响蒙古族聚居区居民语言态度的因素进行分析描写。

(一)受教育程度与部分语言态度之间有显著相关性

1. 受教育程度与"对蒙古语发展的期望"在 0.05 水平(双侧)上存在显著负相关,表明受教育程度与对蒙古语发展的期望值呈负相关,受教育程度越低的蒙古族居民越希望蒙古语有更大程度的发展。

表 4 - 4

		对蒙古语发展的期望	对蒙古文发展的期望
教育程度	Pearson 相关性	−0.275*	−0.263*
	显著性（双侧）	0.028	0.034
	N	65	65

注：表格数据使用 SPSS 双变量相关性分析中的 Pearson 双侧显著性检验方法得到。
* 在 0.05 水平（双侧）上显著相关。

2. 受教育程度与"对蒙古文发展的期望"在 0.05 水平（双侧）上存在显著负相关，表明受教育程度与对蒙古文发展的期望值呈负相关，受教育程度越低的蒙古族居民越希望蒙古文有更大程度的发展。

（二）最先学会的语言与部分语言态度之间有显著相关性

表 4 - 5

		对蒙古语发展的期望	对蒙古文发展的期望
最先学会的语言	Pearson 相关性	0.247	0.329**
	显著性（双侧）	0.053	0.008
	N	65	65

注：表格数据使用 SPSS 双变量相关性分析中的 Pearson 双侧显著性检验方法得到。
** 在 0.01 水平（双侧）上显著相关。

1. 最先学会的语言与"对蒙古文发展的期望"在 0.01 水平（双侧）上存在显著正相关，表明最先学会的语言与对蒙古文发展的期望值呈正相关，最先学会的语言是蒙古语的蒙古族居民更希望蒙古文有更大程度的发展。

2. 最先学会的语言与"对蒙古语发展的期望"在 0.05 水平(双侧)上存在正相关,表明最先学会的语言与对蒙古语发展的期望值呈正相关,最先学会的语言是蒙古语的蒙古族居民更希望蒙古语有更大程度的发展。

（三）蒙古语读写能力与部分语言态度之间有显著相关性

表 4－6

		对蒙古文发展的期望
蒙古语 阅读能力	Pearson 相关性	0.491**
	显著性(双侧)	0.000
	N	65

注：表格数据使用 SPSS 双变量相关性分析中的 Pearson 双侧显著性检验方法得到。
** 在 0.01 水平(双侧)上显著相关。

表明蒙古语阅读能力与"对蒙古文发展的期望"在 0.01 水平(双侧)上存在显著正相关,表明蒙古语阅读能力的强弱与对蒙古文发展的期望值呈正相关,蒙古语阅读能力越强,越希望蒙古文有更大程度的发展。

表 4－7

		对蒙古语发展的期望	对蒙古文发展的期望	是否愿意掌握蒙古文
蒙古 语书 写能力	Pearson 相关性	0.441**	0.477**	0.588**
	显著性(双侧)	0.000	0.000	0.000
	N	65	65	65

注：表格数据使用 SPSS 双变量相关性分析中的 Pearson 双侧显著性检验方法得到。
** 在 0.01 水平(双侧)上显著相关。

1. 蒙古语书写能力与"对蒙古语发展的期望"在 0.01 水平（双侧）上存在显著正相关，表明蒙古语书写能力与对蒙古语发展的期望值呈正相关，蒙古语书写能力越强的蒙古族居民越希望蒙古语有更大程度的发展。

2. 蒙古语书写能力与"对蒙古文发展的期望"在 0.01 水平（双侧）上存在显著正相关，表明蒙古语书写能力与对蒙古文发展的期望值呈正相关，蒙古语书写能力越强的蒙古族居民越希望蒙古文有更大程度的发展。

3. 蒙古语书写能力与"是否愿意掌握蒙古文"在 0.01 水平（双侧）上存在显著正相关，表明蒙古语书写能力与被试者掌握蒙古文书写的期望值呈正相关，蒙古语书写能力越强的蒙古族居民越希望掌握蒙古文书写方法。

被试者的蒙古语书写能力越强，对蒙古语、蒙古文的关心程度越高，越希望更加熟练掌握蒙古文书写方法，蒙古语的书写能力与对蒙古语的情感态度具有显著的正相关关系，这是影响被试者对蒙古语情感态度的重要因素之一。

（四）对蒙汉双语人的期待程度与部分语言态度之间有显著相关性

表 4-8

		对普通话的态度	对蒙古文发展的期望
希望成为蒙汉双语人	Pearson 相关性	0.240	0.299*
	显著性（双侧）	0.054	0.016
	N	65	65

注：表格数据使用 SPSS 双变量相关性分析中的 Pearson 双侧显著性检验方法得到。
　*在 0.05 水平（双侧）上显著相关。

1. 希望成为蒙汉双语人与"对普通话的态度"在 0.05 水平(双侧)上存在正相关,表明对蒙汉双语人的期待值与对普通话的接受程度值呈正相关,越是希望成为蒙汉双语人的被试者对汉语普通话的情感态度越是积极开放的。

2. 希望成为蒙汉双语人与"对蒙古文发展的期望"在 0.05 水平(双侧)上存在显著正相关,表明对蒙汉双语人的期待值与对蒙古文发展的期望呈正相关,越是希望成为蒙汉双语人的被试者对蒙古文发展的期望值越高。

(五)对待不同语言现象的语言态度之间存在着显著的相关性

表 4－9

		对蒙古语发展的期望	对蒙古文发展的期望
子女外出回来后不再说蒙古语的态度	Pearson 相关性	0.283*	0.257*
	显著性(双侧)	0.023	0.039
	N	65	65

注:表格数据使用 SPSS 双变量相关性分析中的 Pearson 双侧显著性检验方法得到。
* 在 0.05 水平(双侧)上显著相关。

被试者对子女外出回来后不再说蒙古语的态度与"对蒙古语发展的期望""对蒙古文发展的期望"在 0.05 水平(双侧)上存在显著正相关,表明对子女外出回来后不再说蒙古语越反感,对蒙古语、蒙古文发展的期望值越高。

1. 被试者对子女不说蒙古语的态度与"是否愿意掌握蒙古文"的期望值在 0.05 水平(双侧)上存在显著负相关,表明对子女不说蒙古语越反感、越不习惯的被试者越愿意掌握蒙古文的拼写方法。

表 4－10

		是否愿意 掌握蒙古文	对蒙古语发展 的期望
子女不说蒙古语 的态度	Pearson 相关性	−0.308*	−0.359**
	显著性（双侧）	0.016	0.004
	N	65	65

注：表格数据使用 SPSS 双变量相关性分析中的 Pearson 双侧显著性检验方法得到。
＊在 0.05 水平（双侧）上显著相关。＊＊在 0.01 水平（双侧）上显著相关。

2. 被试者对子女不说蒙古语的态度与"对蒙古语发展的期望"在 0.01 水平（双侧）上存在显著负相关，表明对子女不说蒙古语持反对态度的被试者其反对程度越高，对蒙古语发展的期望值越高，越希望蒙古语有更大的发展。

表 4－11

		对蒙古文的态度
对普通话 的态度	Pearson 相关性	0.328**
	显著性（双侧）	0.008
	N	65

注：表格数据使用 SPSS 双变量相关性分析中的 Pearson 双侧显著性检验方法得到。
＊＊在 0.01 水平（双侧）上显著相关。

被试者对普通话的态度与对蒙古文的态度在 0.01 水平（双侧）上存在显著正相关，表明蒙古族居民对普通话的开放与接受程度与对母语的热爱程度呈正相关，被试者对普通话所持有的接受程度越高则对蒙古文的喜爱程度越高。这表明被试者的语言情感具有一致性,对母语具有深厚情感的人对汉语普通话也具有非常积极开放的态度。

(六)分析结论

1. 被试者对蒙古语的情感态度与性别、年龄、地域等均无显著相关。调查表明蒙古族人对蒙古语的情感认同非常稳定,对蒙古语具有深厚的情感,因此蒙古语在聚居区内稳定使用。

2. 被试者的受教育程度、最先学会的语言、蒙古语的阅读书写能力,与其对蒙古语、蒙古文的发展期望程度具有显著的相关性。受教育程度越高的被试者,其蒙古语的各项能力越强,对蒙古语的情感更为深刻明确。尤其那些最先学会的语言是蒙古语的被试者,在其整个成长过程中蒙古语都是极为重要的语言,随着其教育程度的提高,理性认识与感性认识不断加深,对母语的感情态度也日益浓厚。

3. 被试者对蒙汉双语人的期待程度、对不同语言现象的态度与其对蒙古文的态度、对蒙古语蒙古文发展的期待程度具有显著的相关性。对蒙汉双语人的期待程度越高、对子女外出回来后不说蒙古语的态度越反感、对子女不说蒙古语越为反对的被试者首先在对待不同语言现象的态度上表现出了强烈的情感倾向,这种情感倾向与其对蒙古语、蒙古文未来的发展期望程度高度一致。

第五章 媒体语言文字及社会用字情况调查

第一节 拉祜族网络电视媒体语言文字使用情况

一、网站

国内还未有以拉祜文为主的网站,与拉祜族地区以及拉祜族文化密切相关的网站主要有:

拉祜族研究委员会主办的拉祜族网(http://www.ynsmzxhlhzyjh.com),分为拉祜族研究会、语言传承保护、民族团结进步、文化保护传承、民风民俗、文化欣赏、法律法规、文件下载9个版块,其中还设立了热点聚焦专栏,汇集了全国各地拉祜族的饮食、服饰、文化、宗教信仰、风俗民情以及节日等信息。网站以汉字为主,部分板块的新闻标题偶尔使用到英文,未见拉祜文字。拉祜族网属于社会团体主办性质的网站,目前已成为人们了解拉祜族及其文化的重要方式,也是拉祜族群体发布重要信息的载体。但由于拉祜族聚居区信息化程度有限还未普及网络,以及居民的汉语水平有限,所调研地区的群众对此网站还不熟悉。而澜沧县民宗局、教育局以及一些学校的教师就对此较为熟悉也经常关注。

中国澜沧县委、县人民政府主办的澜沧信息网（http://www.pelcxxw.cn），包含了视频新闻、民生关注、党建之窗、文化旅游、宣传工作、政府工作、建言献策、专题专栏等版块，是政府发布澜沧县的经济、教育、文化等方面信息以及宣传政策的重要平台，属于汉语网站，未见拉祜文及其他语言文字。这是澜沧县目前访问人数较多的政府网站，少数民族聚居区村镇的领导干部也经常使用。

从网站的语言文字使用来看，与拉祜族的经济、文化等生活相关的重要网站均为汉语网站，网站的板块和介绍中均未使用拉祜族文字。

二、广播电视

（一）电影

自 1979 年云南省电影公司设立了少数民族译制部门开始，澜沧少数民族电影的翻译工作结束了边放映边口译解说的方式。普洱市设立了"普洱市民族语广播影视节目译制中心"，承担着拉祜语、佤语、哈尼语三个少数民族语种的电影译制工作。所译制的影片主要通过露天放映和在地方台播映两种方式传播。电影和电视一方面是少数民族语言宣传、文化传播等工作的重要组成部分，同时也承担着对外宣传和维护边疆安定的重要使命。澜沧县是少数民族聚居的边境县，县内不同地区的国家通用语言文字普及率还存在差异，所调研的三个村寨语言差异明显，部分群众完全听懂、看懂汉语版的电视和电影节目内容还有一定的难度。播放译制好的拉祜语影片实际效果要好于汉语版的电影电视。比较典型的译制片有《家庭杀手——家庭暴力》《关东大侠》《纸飞机》《芦笙恋歌》等，聚居区的观众把译制后的拉祜语电影亲切地称为"拉祜电影"。目前，大部分电影主要在电视台播放，有的会在一些村寨集会的场合放映。

（二）电视节目

在云南省民族宗教事务委员会的大力支持下，澜沧县电视台自办的本土语言栏目《跟我学拉祜语》于 2015 年 1 月 2 日开播，大受市民的欢迎。开办《跟我学拉祜语》栏目主要是为广大观众朋友，尤其是县城辖区内的青少年儿童，提供一个学习拉祜语、拉祜文的良好平台，同时还可以进一步促进各民族之间语言文字的相互交流学习，打破各民族之间的语言障碍，促进拉祜族地区精神文明建设、民族文化传播和经济社会发展，进一步发扬和传承拉祜文化。《跟我学拉祜语》栏目每周五在《澜沧新闻》之后首播，周六和周日在《澜沧新闻》之后重播，每期学习 3 至 5 个新单词，1 至 3 句短语，节目采用电视图文并茂、音画结合的形式，内容编排上简洁实用，使广大观众朋友在较短的时间内深刻地记识拉祜语及拉祜文，扩大民族语言的普及和传承。

（三）广播

云南广播电视台民族广播是一个多民族、多语种的宣传单位，是了解七彩云南的窗口，它是展现和谐边疆的平台。云南广播电视台民族广播是我国民族语广播语种最多、播出时间最长、影响最大的三大台之一，是促进民族发展进步的交流平台，既是国家政策法规和重大新闻的传播者，又是本民族的新闻代言人。自 1955 年 6 月 18 日开播以来，在上级有关部门的关心支持下，民族广播得到不断壮大和发展，目前办有德宏傣语、西双版纳傣语、傈僳语、景颇语、拉祜语五种民族语广播和汉语普通话节目，是中国广播界少数民族语言种类最多的省级广播电台。使用频率为 SW7 210 千赫，发射功率为 50 千瓦。覆盖人数 550 多万人，其中境内 220 多万人，境外 330 多万人。民族广播全天播出时间为 720 分钟，分早中晚 3 次播出，每次 240 分钟，其中，5 个民语节目时间为每次 45

分钟,汉语节目时间为 15 分钟。自 2010 年 10 月开始,民族广播在云南广播网实现同步播出后,还开设"民族资讯""视听云南""跟我学民语"等特色板块,提高云南电台民族广播的影响力,在民族广播同新媒体结合方面迈出了新的步伐。

与拉祜语有关的主要节目有:拉祜语专题节目《山乡致富路》和《科技卫生》、汉语普通话专题节目《民族天地》;播出的内容主要有:时政新闻、社会新闻、理论学习、政策法律、民生报道、边地传真、科技卫生、民族风情、民族文艺等。澜沧县老县长、拉祜族干部张德忠说:"拉祜语广播是我们拉祜族人民的福音,它及时告诉我们国家的政策和天下大事,使我们心明眼亮。"50 多年来,民族语广播几代广播人翻山越岭,克服重重困难,搜集整理并播出了大量少数民族民间文艺节目,为丰富少数民族听众的娱乐生活、传承和弘扬少数民族优秀传统文化、抢救和保护非物质文化遗产,做出了积极努力和贡献。

三、澜沧拉祜族聚居区居民接触社会媒体使用的语言

传统的四大媒体分别为:电视、广播、报纸、杂志,由于拉祜文的报纸、杂志在所调研的地区几乎没有见到,在问卷调查中仅对收听广播和收看电视时对语言的选择情况进行调查,结果如下:

1. 您经常看什么语言的电视节目?

A. 拉祜语　B. 汉语普通话　C. 当地汉语　D. 其他＿＿

选择拉祜语 2 人,选择汉语普通话 116 人,选择当地汉语 2 人

2. 您经常听什么语言的广播?

A. 拉祜语　B. 汉语普通话　C. 当地汉语　D. 其他＿＿

选择拉祜语 6 人,选择汉语普通话 51 人,选择当地汉语 1 人

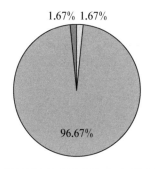

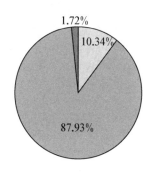

图 5-1　您经常看什么语言的
电视节目

图 5-2　您经常听什么
语言的广播

　　从以上调查可以看出,拉祜族聚居区的大部分居民在收听广播和收看电视时以汉语普通话为主,选择拉祜语的居民集中在年龄 50 岁以上、受教育程度初中以下的群体。目前,在澜沧拉祜族自治县以拉祜语为主的广播、电视节目偏少,节目类型单一,缺少娱乐性,对青少年的吸引力有限。电视剧、电影的民族语译制种类和数量都有限。以汉语普通话为载体的电视、广播相对较多,也是聚居区居民选择汉语普通话的一个重要原因。

　　随着科学技术的发展,逐渐衍生出新的媒体,例如网络、手机等,它们在传统媒体的基础上发展起来,目前已经成为信息传播的重要平台。拉祜族聚居区手机短信功能已经普遍使用,唐胜老寨已经逐渐普及网络,青年一代已经开始接触网络。调查组对拉祜族聚居区三个调查点的居民使用手机、网络的语言进行调查的结果如下:

　　3. 您上网看什么语言的网页?
　　　A. 拉祜语　B. 汉语　C. 英语　D. 其他____

选择汉语 14 人

4. 您发短信(微信)时习惯使用的语言:

　　A. 拉祜语　B. 汉语　C. 英语　D. 其他＿＿＿

选择拉祜语 2 人,选择汉语 29 人

5. 您在博客或者论坛中常使用的语言:

　　A. 拉祜语　B. 汉语　C. 英语　D. 其他＿＿＿

选择汉语 9 人

从调查问卷的结果可以看出,在拉祜族聚居区的居民能熟练上网的还不多,一方面是网络还未普及,另一方面拉祜族聚居区的居民对汉文和拉祜文的使用能力有限,一部分居民还不能熟练地读写,以文字为主要载体的网页和以文字为主要表述形式的博客、论坛使用的人群相当有限。这部分人主要集中在 15 至 22 岁年龄段,教育程度都为初中水平,大部分的居民集中在唐胜老寨。

手机短信功能在拉祜族地区使用较为普遍,但一部分人因为对汉字的使用不熟练,收发短信存在一定的障碍,所调查的人群中仅有 29 人能使用汉字熟练地收发短信。微信在拉祜族聚居区的居民中暂时还未使用。手机短信目前没有拉祜文的版本,因此短信的收发以汉文为主。在调查的过程中有两位居民选择的是拉祜文,在进行深入调查时发现,他们所说的拉祜文是用汉语拼音输入的形式,因为都是拉丁字母,简单的表达是没有问题的。

四、政府对社会媒体的态度

我国政府非常重视对社会媒体的建设,云南省政府近年来颁布的与社会媒体相关的政策文件有:2004 年 5 月,云南省第十届人大常委会第九次会议通过并颁布了《云南省实施〈中华人民共

和国民族区域自治法〉办法》,第三十四条第二款:

> 上级文化、民族、广播电视、新闻出版等行政部门应当支持少数民族语言文字、古籍、文物、广播、影视译制、报刊、出版等文化事业的发展,在政策、资金投入等方面给予特殊扶持。

2011 年颁布的《国务院关于支持云南省加快建设面向西南开放重要桥头堡的意见》,指出要"大力发展民族文化事业"。提倡要加强文化基础设施建设,健全公共文化服务体系;建立健全公共文化服务和设施运转经费保障机制;加强边境地区广播影视基础设施建设,增强少数民族语言节目的译制和制作能力,实现广播电视村村通。

2011 年 10 月 18 日,中国共产党第十七届中央委员会第六次会议通过的《中共中央关于深化文化体制改革推动社会主义文化大发展大繁荣若干重大问题的决定》,把繁荣发展少数民族文化摆上十分突出的位置,其中第五部分第三点指出:

> 繁荣发展少数民族文化事业,开展少数民族特色文化保护工作,加强少数民族语言文字党报党刊、广播影视节目、出版物等译制播出出版。

第四点指出:

> 要以农村和中西部地区为重点,加强县级文化馆和图书馆、乡镇综合文化站、村文化室建设,深入实施广播电视村村通、文化信息资源共享、农村电影放映、农家书屋等文化惠民工程,扩大覆盖、消除盲点、提高标准、完善服务、改进管理。

2012 年 6 月 25 日《中共云南省委、云南省人民政府关于建设民族团结进步边疆繁荣稳定示范区的意见》提出了要实施民族传统文化保护传承工程。加强现代科技对民族传统文化的保护应用,编制民族传统文化保护目录和规划,建设民族传统文化资源库和少数民族语言文字资源库,以及"继续实施村村通广播电视工程,开办少数民族语言文字宣传网站和卫星电视频道,建设西南少数民族文字出版基地和云南少数民族文字出版中心,建设云南少数民族语言文字翻译中心,建设面向东南亚、南亚的传媒译制中心"等意见和措施。从云南省所颁布的一些与社会媒体相关的政策来看,非常重视少数民族语言文字媒体的建设。

第二节　蒙古族聚居区媒体语言
文字及社会用字

在少数民族聚居区,大众传播媒体所使用的语言对当地居民的语言生活有着巨大的辐射力和影响力。尤其在边境少数民族地区,大众传播媒体是当地居民了解外部世界,与外界沟通的重要渠道。而大众媒体所使用的主流语言,对少数民族聚居区的语言学习和使用也具有非常重要的影响。随着网络科技的发展,除了传统的电视、广播等传播媒介外,手机、网络也成为少数民族聚居区重要的新媒体资源,深刻地影响着边境地区少数民族居民的语言生活。

一、蒙古族居民获得信息来源

少数民族聚居地区的各类社会媒体,在实现其社会影响力的同时,就其行业自身来说,也要追求最高的经济效益。少数民族聚居地区在民汉双语作为主体方向的前提下,也要结合地区自身的特点,在满足居民需求的同时达到较大的经济收益。广播、电视、电影要追求最高的收听、收视率,报纸、杂志也要追求销量,这是任

何地区、任何语言的大众媒体所共同追求的。因此也可以说,大众
媒体在追求行业经济效益的同时,深深受制于特定地区居民的语
言文化生活的需求,人们对媒体的需求和偏好对媒体语言的选择
具有深刻的影响。在各项调查之初我们对蒙古族居民获得信息的
方式进行了调查:

你怎么获得新信息?（可多选）

A. 电视　B. 报纸　　C. 上网　D. 听广播　E. 听别人说

选择电视的 56 人,选择报纸的 7 人,选择上网的 24 人,
选择听广播的 11 人,选择听别人说的 10 人。

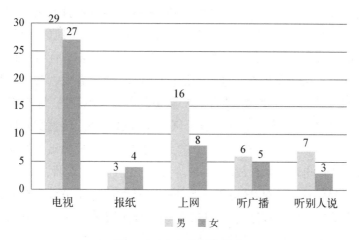

图 5－3　如何获得新信息

结果显示,在边境地区的蒙古族聚居区,少数民族获得新信息
的方式主要依靠电视,其次是上网和广播,居民之间的交流也是人
们获得信息的重要渠道,人们获取信息的方式主要依赖于电波媒
体和网络媒体,对平面媒体的依赖程度最低,作为多项选择题仅有
7 人选择报纸。在众多媒体之中,传统的电视节目仍然是居民获

得新信息的最主要来源,值得注意的是网络这种新兴媒体形式已经代替传统的广播成为蒙古族聚居区获得新信息的第二大来源。

在调查问卷中,我们分别对以上几种主要媒体的使用情况和蒙、汉两种语言媒体的选择情况进行了测试。

二、蒙古语广播及蒙古族居民收听不同语言广播情况

(一)蒙古语广播

在蒙古族聚居区,蒙古语是居民最熟练的语言。我们在调查中发现,在农牧区,蒙古族居民最常使用也最为依赖的媒体形式主要是广播,广播十分便捷,经济成本不高,受到农牧民的普遍青睐。内蒙古广播电台专门设有农牧频道,服务于内蒙古自治区内的农牧民。内蒙古广播电台是一家面向城市和广大农牧地区,使用蒙古语进行新闻宣传,集新闻、社教、文艺于一体的综合性省级广播媒体。不论是在草原、田野,还是在沙漠里,只要有蒙古族听众的地方,就有蒙古语广播,蒙古语广播是蒙古族离不开的"随身听"。2007年7月13日,《内蒙古自治区人民政府办公厅转发文化厅等部门关于做好农村牧区电影工作实施意见的通知》提出了要扶持农村牧区电影公益性放映,尽快落实国家配送电影流动放映车、流动放映设备、农村牧区电影场次补贴的配套资金,地方政府要确保其全部用于农村牧区电影放映。积极配合国家有关部门做好对自治区电影民族语言译制设备的资助工作,尽快解决数字电影民族语言译制问题,积极推动少数民族聚居地区农村牧区电影的数字化放映。在我们调研期间,就有文化站向当地农牧民播放蒙古语电影。

蒙古语广播目前开办了新闻、社教、文艺三大类节目,主要新闻节目有《全区新闻联播》《早间新闻》《新闻播报》《新闻驿站》《新闻透视》等,为广大蒙古语听众提供国内外时事要闻,使蒙古

族居民在牧区就能知晓天下大事。社教节目主要有《农牧民之友》《服务直播间》《少儿天地》《欢聚今晚》《心灵港湾》等,为广大蒙古语听众提供生产生活服务相关信息平台。文艺类节目有《文化时空》《乌力格尔》《文艺在线》等,为广大蒙古语听众提供丰富多彩的业余生活,提供积极向上的精神食粮。内蒙古广播电台蒙古语广播是全国播出时间最长、覆盖面最广、影响力最大、制作能力最强、业务素质过硬、具有较高声望的国家级蒙古语广播电台。2002 年,蒙古语广播落地蒙古国首都乌兰巴托,全程转播全天 18 小时 15 分的节目。蒙古语广播不仅具有对内宣传娱乐的功能,也作为沟通内蒙古和蒙古国的重要桥梁,肩负着向异国人民宣传、介绍内蒙古、中国的神圣使命,是促进中国和蒙古国文化交流、友好往来的重要平台。蒙古语广播网站主要有:中国蒙古语广播网、内蒙古广播网、新疆蒙古语广播网、赤峰人民广播电台等。

(二)蒙古族居民收听不同语言广播情况

蒙古族聚居区的广播使用的语言主要是蒙古语和汉语,其中大多数牧民收听蒙古语广播,约占被试者总数的 60%。对收听蒙古语广播的被试者特征进行分析:从性别特点来看,收听蒙古语广播的男性比例稍高于女性;从受教育程度特点来看,收听蒙古语广播的被试者群体小学文化程度的数量最多,收听汉语广播的被试者群体中以具有高中文化程度的为主。将收听两种广播的被试者群体的受教育程度进行对比可见,从未上过学和小学文化程度的被试者较多选择蒙古语广播,高中及以上学历的被试者则较多选择汉语广播;从年龄特点来看,收听蒙古语广播的以 20—39 岁年龄段为主,其次为 60 岁以上年龄段,而收听汉语广播的则集中在 20—39、40—59 两个年龄段,通过收听蒙、汉两种语言广播的不同年龄段被试者群体的分布的对比可以发现,60 岁以上年龄段、

20—39 岁年龄段收听蒙古语广播的比例远远高于收听汉语广播，而 40—59 年龄段收听汉语广播的比例高于收听蒙古语广播。由以上特征分析可见，在蒙古族聚居区广播语言以蒙古语为主，其中男性、教育程度较低的少数民族、青少年和老年人是收听蒙古语广播的主要听众，而受教育程度较高的少数民族、青壮年是汉语广播的主要听众。

三、蒙古语电视节目及蒙古族居民收看不同语言电视节目情况

（一）蒙古语电视节目

内蒙古电视台的蒙古语节目于 1976 年 10 月 2 日正式开播，经过不断的发展和壮大，如今已成为国内外最具规模的，具有较大影响力的蒙古语卫视频道。内蒙古电视台蒙古语卫视频道是面向国内外蒙古语观众的综合频道，覆盖内蒙古自治区全境，新疆、青海、河北、甘肃、辽宁、吉林、黑龙江等八省区蒙古族聚居区和香港特别行政区，并在蒙古国，俄罗斯联邦布里亚特共和国、图瓦共和国、卡尔梅克共和国，澳大利亚的墨尔本等国家和地区落地入网，节目覆盖亚太 53 个国家和地区。

蒙古语卫视频道作为全国唯一使用蒙古语播出的电视卫视频道，对内肩负着面向广大蒙古语听众传达党和政府的路线方针、政策的重任，对外成为世界人民了解中国、了解内蒙古，内蒙古了解世界的重要窗口。现有《早间新闻》《新闻联播》《环球时讯》等 3 档新闻节目，《塔米尔》《文体欣赏》《生活之友》《经济 30 分钟》《相约周末》《索艺乐》《社会观察》《法制现行》《与你同行》《古日温达坝》《娜菏芽》《百家讲坛》《茶余饭后》《出行服务》《草原音画》《旅游景点天气预报》等 25 个自办栏目和《浩日博》《蔚蓝的故乡》两大译制栏目。另外，每天播出两集译制电视连续剧和一集动

画片。蒙古语卫视频道自 2009 年 6 月 1 日起全天播出 24 小时，节目内容由最初的单一的图片新闻，增加到目前的由新闻、专题、文艺、社教、体育、自办栏目、动画片、影视剧翻译等各类体裁的电视节目。

（二）蒙古族居民收看不同语言电视节目情况

在"您经常看什么语言的电视节目"的问卷中，18.6％的蒙古族居民经常收看蒙古语电视节目，81.4％经常收看汉语电视节目，收看其他少数民族语言和外语电视节目的蒙古族居民数量为 0。

对收看不同语言的电视节目的蒙古族居民的分布特征进行分析，从性别特征来看，收听蒙古族电视节目的男女比例几乎相同，而收看汉语电视节目的男性数量则稍高于女性；从受教育程度来看，收看蒙古语电视节目的居民中小学和高中教育程度的数量最多，经常收看汉语电视节目的居民中以初中、高中学历的为主。对收看两种语言电视节目的居民的受教育程度分布进行对比，发现未上过学的蒙古族居民收看两种语言电视节目的数量几乎相等，而小学以上教育程度的蒙古族居民收看汉语电视节目的比例远高于蒙古语。

从年龄分布特点来看，20—39 岁年龄段是收看蒙古语电视节目和汉语电视节目的主要观众群体。通过收看两种语言电视节目的人群分布对比来看，收看两种语言电视节目的各个年龄段的分布情况基本一致，其中收看蒙古语电视节目的 8—19 岁年龄段与60 岁以上年龄段数量基本一致，而收看汉语电视节目的 8—19 岁年龄段数量则明显高于 60 岁以上年龄段。

由以上分析可见，在蒙古族聚居区居民收看的电视节目中，汉语节目仍占主要比例，而收看汉语电视节目的蒙古族以男性、接受过学校教育的青壮年为主。其中值得注意的是 60 岁以上年龄段的老年人在收看电视节目时也以汉语电视节目为主，可见蒙古族聚居区的居民在电视节目语言的选择中持开放态度,即使是年龄较大、汉语水平并不熟练的老人也喜欢观看汉语电视节目。

四、蒙古语网站及蒙古族居民网络使用情况

(一)蒙古语网站

2002 年,全国第一家少数民族双语网——呼和浩特市政府(蒙汉)双语网在呼和浩特正式开通。该网在全国首家采用少数民族语言文字发布信息。现在,常用的蒙古语网站有草原雄鹰网、人民网蒙古语版、新华网蒙古语版等,内蒙古大学、内蒙古师范大学、内蒙古工业大学、内蒙古财经学院等教育院校也有蒙古语版的网站。简单介绍及使用情况如下:

单语种网站:蒙古语新闻网;

双语种网站:呼和浩特市人民政府门户网,有相对应的汉语版和蒙古文版;

多语种网站:人民网、新华网,以及内蒙古大学、内蒙古农业大学等高校类网站,分别有汉文版、蒙古文版和英文版。

2013 年 10 月,少数民族语言文字资源监测中心中国少数民族文字互联网情况调研组,对已有的蒙古文网站的基本情况进行了调研,共搜集到中国蒙古文网站 146 个,能正常访问的中国蒙古文网站有 102 个。网站文字为蒙古文的网站数量最多,约占蒙古文网站总数的 50%;蒙古文/汉文版双语种网站,约占网站总数的33%;拥有蒙古文版、汉文版、英文版的网站约占蒙古文网站总数的 7%;多于四种的多语种网站约占蒙古文网站总数的 3%;其他语种情况的蒙古文网站约占网站数的 7%[1]。网站在类型上地方政

---

[1] 赵小兵主编,王志娟等编著《中国少数民族文字互联网资源发展状况》,中央民族大学出版社,2016 年,第 28 页。

府门户占 25%、民族文化类占 20%,其次是教育类 19%、新闻综合类 11%等其他①。

常用蒙古文网站如下:

人民网蒙古文版(http://mongol.people.com.cn)的前身是 2007 年 8 月 8 日开通的中国共产党新闻网蒙古文版,在 2009 年国庆 60 周年之际升级改版成为人民网蒙古文版。人民网蒙古文版作为首家中央级蒙古文网站,该网站立足于权威、准确、及时地报道党和政府的重大活动、国内外重要新闻,提供蒙古族群众关注的各类信息。该网站发布包括国内要闻、国外要闻、蒙古族聚居地区要闻、经济、社会生活、法律法规、医疗卫生、教育、文艺、体育等全方位的新闻信息。网站还包括经典歌曲、影视、幽默、新书介绍、杂志等娱乐服务性内容和蒙古族历史、宗教、民俗、旅游、文艺、医药等专栏。

中国蒙古语新闻网(http://www.mgyxw.net)是经内蒙古自治区党委宣传部批准、内蒙古日报社主办的少数民族语言新闻网站。自 2008 年 9 月 28 日开通以来,用户遍及日本、蒙古国、俄罗斯、美国等 60 多个国家和地区,已成为我国重要的网络外宣平台。网站目前共设有 37 个频道,600 多个子栏目,是国内最大的蒙古语新闻信息服务网,正逐步向少数民族文字大型门户网站方向发展。网站在组织机构、运行机制和流程系统上,采取报网互动模式,积极实施新媒体战略,借助《内蒙古日报》蒙古文版资源,建立了报网合一的采编系统,保证了网站的高效运营,也具备了为国内所有蒙古语新闻媒体提供各种信息服务和网络技术支撑服务的能力。其长远目标是把中国蒙古语新闻网平台建设成为"中国蒙古族网络文化示范基地"和"中国蒙古文综合数据库"。

---

① 赵小兵主编,王志娟等编著《中国少数民族文字互联网资源发展状况》,中央民族大学出版社,2016 年,第 33—35 页。

新华网蒙古文网站(http://mongolian.news.cn)是新华网第12种语言和第3种少数民族语言网站,于2015年12月8日在呼和浩特开通。该网站秉承"传播中国、报道世界"的宗旨,以最快的速度将新华网稿件向蒙古语受众编译、播发。网站内容涉及国内、国际、政治、经济、文化、教育、社会、卫生、体育等全领域。

好乐宝蒙古文博客网(http://www.holvoo.net)成立于2008年7月4日,是用传统蒙古文经营的蒙古族传统文化博客网站。现已拥有3.7万多名博友,日点击量约达到16万次,日平均发表量达到800篇。该网站在2010年3月9日更新了第二版,同年3月16日与中国蒙古语新闻网合作,2011年11月10日又与中央人民广播电台合作,壮大了网站的实力,提高了该网站在媒体中的地位。2012年7月15日,历史上第一个传统蒙古文的手机移动博客宣布成立,可随时随地通过手机发表日志、上传手机图片、查看好友的精彩图片以及分享好友的心情日记。2013年8月10日,好乐宝HOLVOO.net蒙古文博客网在内蒙古鄂尔多斯市乌审旗举办首届蒙古文博客发展研讨会暨庆祝好乐宝蒙古文博客网成立五周年活动,与各界专家学者探讨蒙古语网站未来发展方向和该网站与广播电视、报纸杂志等媒体的合作事宜,给10位最佳博友颁发了证书,感谢他们多年来对该网站的支持,并鼓励他们继续关注好乐宝HOLVOO.net蒙古文博客网。好乐宝蒙古文博客网博客首页由诗歌、散文、日记、小说、神话、论文、教育、社会生活、音乐、歌词、故事、闲聊、民俗、饮食、文化、科学、医学、社会关注、自然环境、旅游、化妆、电影、体育、娱乐、健康、法律、照片、经济、宗教信仰、历史研究、谜语、书籍、歇后语、信息等频道组成,这些栏目大多以网友自己上传的文字、图片为主要内容。

中国蒙古语广播网(http://www.mongolcnr.cn)是中央人民广播电台民族广播网的一个部分,民族广播网于2010年12月17

日正式开通运行,由中央人民广播电台民族广播中心负责运营维护。民族广播网以"传播天下新闻,传承民族文化"为宗旨,以时事、财经新闻、民族政策法律法规为主体,以突出民族特色、弘扬民族文化为重点的新闻性网站。其发展目标是:适应民族广播事业发展需要,适应中央人民广播电台应急广播体系的要求,达到国家传播能力建设的标准,成为我国民族语言文字及音频内容最多,并在国内和周边国家有较大影响的多媒体网站。

（二）蒙古族居民使用不同语言网站情况

在"您经常浏览什么语言的网站"问题中,15.2%的被试者选择蒙古语网站,84.8%选择汉语网站。其中,从性别来看,经常登录网站浏览信息的男性蒙古族数量要远高于女性;从受教育程度来看,经常登录汉语网站的蒙古族以初中、高中文化程度的被试者数量最多,而经常浏览蒙古语网站的则以初中文化程度为主,能够上网浏览网页的被试者中未上过学的数量为 0,可见,与广播、电视等传统媒体的接收群体不同,使用网络获取信息的蒙古族群体受到了较为明显的受教育程度的制约。从年龄分布来看,能够经常登录网站浏览信息的蒙古族以 20—39 岁年龄段为主,经常浏览蒙古语网站的以 20—39 岁年龄段为主,少数为 8—19 岁年龄段。而经常浏览汉语网站的以 20—39 岁年龄段为主,8—19 年龄段数量第二,40—59 岁年龄段数量第三。不论是汉语网站还是蒙古语网站,60 岁以上年龄段的蒙古族关注数量为 0。

通过以上分析可见,虽然目前蒙古语网站在各个领域已经逐渐建立起来,但其规模数量、更新速度和内容的丰富程度与汉语网站相比仍具有较大的距离,蒙古语网站为蒙古族提供了良好的母语信息平台,但更多的蒙古族仍选择汉语网站作为其获取信息的主要来源。在调查中我们发现,在边境地区的蒙古族聚居区,网络的普及程度并不高,农牧地区的居民家里大多没有网络,一个村落可能只有一两家配有上网设施,有的村落甚至没有人家能够上网。能够经常使用网络获取信息的蒙古族居民以男性、小学以上文化水平的青少年和青壮年为主,其中浏览蒙古语网站的居民均具有初中以上文化水平。

五、蒙古文报纸及蒙古族居民阅读不同语言报纸情况

(一)蒙古文报纸

在全媒体时代,传统的纸质平面媒体必然会受到各种冲击,为此,内蒙古蒙古文报网联盟与自治区各地方网站建立有效联系机制,以内蒙古日报社为纽带,内蒙古各地的蒙古文报网在数字平台全面实现"互联互通",蒙古文报纸在保留传统媒体形式的基础上通过蒙古文报网实现了报纸的网络化与立体化,从而迎接全媒体时代的冲击和挑战。内蒙古蒙古文报网联盟数字平台工程,包括蒙古文排版系统、畅享全媒体新闻编辑系统、全媒体资源库、联盟公共稿库、联盟翻译中心等18个子项目,使内蒙古12家蒙古文报纸和中国蒙古语新闻网、盟市蒙古文党报所属新闻网站在统一的数字化平台上实现"互联互通",实现全区蒙古文报纸新闻资源的一次生产多次利用。联盟各成员单位能够实现技术共享、统一研发、整合资源,内蒙古蒙古文报网联盟将逐步建立全国最大、最权威的蒙古文新闻生产经营基地,全面提升蒙古文报网新闻的传播力、创新力和影响力。

(二)蒙古族居民阅读不同语言报纸情况

在蒙古文报纸大力建设数字化平台的同时,我们对蒙古族聚居区传统的纸质报纸的使用情况进行了考察。在"你阅读什么语言报纸"的问题中,37%的蒙古族阅读蒙古文报纸,63%阅读汉语报纸。从性别特征的角度看,与广播、电视、网络等媒体的使用分布情况不同,阅读蒙古文报纸的女性略高于男性,阅读汉语报纸的

男女比例均等;从受教育程度来看,平时阅读报纸的蒙古族居民中无论是阅读蒙古文报纸还是汉语报纸,具有高中文化水平的被试者是阅读报纸的主要人群,因此可以看出,能够阅读传统的纸质报纸的蒙古族群体的受教育水平要明显高于主要使用其他媒体形式获取信息的蒙古族群体。从年龄分布特征来看,阅读蒙古文报纸的主要人群集中在 20—39、8—19 年龄段,而阅读汉语报纸的人群主要集中在 20—39、40—59 年龄段,不论是蒙古文还是汉语报纸,20—39 年龄段是主要受众群体。

通过以上特征分析可以看出,阅读报纸的蒙古族居民与收看或收听其他电波媒体的居民相比呈现出不同的特征。我们在问卷中对蒙古族居民获取新消息的形式进行了问卷调查,其中通过阅读报纸获取新信息的居民数量最少,表明报纸是流行度非常低的一种媒体形式。那么这种低流行度的传统纸质媒体的受众主要是蒙古族女性、以高中文化水平为主具有较高受教育程度的青壮年。同时值得注意的是,在广播、电视、报纸、网络这几个蒙古族日常使

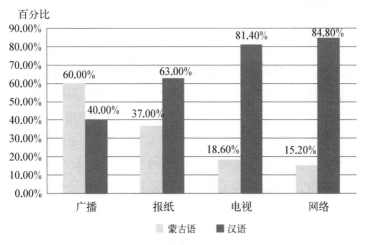

图 5-4

用最多的媒体中,在蒙古语和汉语两种语言的选择上,蒙古族居民在收听广播时较多使用蒙古语以外,在报纸、电视、网络这三种媒体语言的选择上均以汉语为主,蒙古语为辅,通过对比我们发现,这三种媒体语言使用蒙古语的比例分别为37.0%、18.6%、15.2%。

　　将广播、报纸、电视、网络等四种蒙古族经常使用的媒体中蒙古语和汉语的使用比例进行统计和比较发现:广播、报纸这两种比较传统的媒体形式中蒙古族使用蒙古语的比例稍高,在电视和网络中选择蒙古语的比例偏低,与此相反,传统媒体形式中被试者使用汉语较少,而电视、网络中则以汉语为主。由此可见,蒙古族居民在广播、报纸等传统媒体中较多使用蒙古语,在网络等新媒体中较多使用汉语。

第三节　少数民族聚居区社会用字情况

　　费什曼(Joshua Fishman)于1971年提出了语域理论①,语域是指由活动场所、活动参与者以及话题等要素构成的社会情景。费什曼将语域划分了五类:家庭域、朋友域、宗教域、教育域和工作域。本研究根据费什曼提出的五类语域,并结合了现代社会科技发展极速拓宽而不可忽视的语言使用领域,增加了大众媒体域。国内的学者习惯分为内语域和外语域:内语域主要指调查人与家庭成员在内部场合的语言交际,包含了费什曼的"家庭域";外语域主要指调查人与朋友、同事、同学等在机关单位、超市、学校等外部场合的语言交际,包含了费什曼提出的其他四个语域,以及"大众媒体域"。

---

① 祝畹瑾《社会语言学概论》,湖南教育出版社,1992年。

　　语言文字的使用领域与语言文字的传承和发展有着密切的联系。语言文字只有在日常生活的使用中发挥了实用价值,才能有生机和活力。语言文字的使用程度越高,其生命力就越强,根基就越牢固。调研组对拉祜族、蒙古族聚居区调查点的社会用字情况做了调研,主要的情况如下:

一、语言的使用领域

　　语言使用领域情况大致如下所示:

表 5-1　调查点语言使用领域情况表

领域＼民族	拉祜族	蒙古族	备　注
家庭域	拉祜语为主	蒙古语为主	偶尔使用汉语
朋友域	拉祜语为主;汉语	蒙古语为主;汉语	分族内和族外朋友
宗教域	拉祜语	蒙古语	
教育域	汉语为主;拉祜语	蒙古语;汉语	
工作域	拉祜语;汉语	蒙古语;汉语	分族内和族外对象
大众媒体域	汉语;偶有拉祜语	蒙古语;汉语	

　　民族语在聚居区家庭内部的语言交际中占绝对优势,在所调研的蒙古族、拉祜族家庭在"长辈与晚辈之间""平辈之间"交流时多以使用本民族语言为主,仅在谈及某个特殊话题时,偶尔用到汉语词汇。民族聚居区居民的朋友以族内为主,所以民族语在朋友域也是主要的交际语,只有与外族朋友进行交流时才使用汉语。宗教场合以及婚丧嫁娶、节日聚会等传统文化场合中均以本民族

语言为主。在教育域,蒙古族有蒙古语教材,提倡蒙汉双语教学,汉语和蒙古语都是主要的课堂用语;拉祜族课堂教学以汉语为主,拉祜语通常用来辅助教学。聚居区的工作领域,工作人员均能较熟练使用汉语,实际使用中两个民族的聚居区域内均以双语为主;工作对象为本民族人以母语为主,工作对象是外族人时使用汉语。在大众媒体领域,汉语在广播、电视、电影中占优势地位,拉祜族仅有拉祜语广播;而蒙古语在广播、电视、电影中得到了较为广泛的使用。

从语域情况来看,民族语在私人领域(家庭域、朋友域)占主要地位,公共领域只有在宗教等传统文化领域中占重要地位,而汉语的使用域在逐渐扩大,除了在家庭域、宗教域中较少使用外,在其他语域均有使用,特别是在大众媒体域,发挥着越来越重要的作用。

二、文字的使用领域

云南省用少数民族语言文字翻译、制作、悬挂使用的标牌。民族语文标牌,始于 20 世纪 50 年代,为加强民族语文标牌的使用力度,部分自治州还把翻译制作、悬挂使用民族语文标牌写入自治条例。如《云南省德宏傣族景颇族自治州自治条例》:

> 第二十一条 自治州的自治机关在执行职务的时候可以分别或者同时使用汉文、傣文、景颇文和各民族的语言。自治州的国家机关和企业、事业单位的公章、牌匾一律使用汉文、傣文、景颇文。

但目前《云南省澜沧拉祜族自治县自治条例》还未对此有明确规定,澜沧县也未见公开发布的相关规定。目前,云南省彝、白、哈尼、壮、傣、苗、傈僳、拉祜、佤、纳西、藏、景颇等 12 个少数民族的 16 个文种有了本民族语文标牌。民族语文标牌在书写款式上分竖排型和横排型。竖排型有民汉两种文字的又分左民右汉式和左汉右民式,有民汉三种文字的分左民中汉右民式、左民中民右汉式和左汉中民右民式。横排型有民汉两种文字的分上民下汉式和上汉下民式,有民汉三种文字的分上民中汉下民式、上民中民下汉式和上汉中民下民式。所调研的地区,拉祜语与汉语并行时,一般是左民右汉和上汉下民两种。

内蒙古自治区有《内蒙古自治区社会市面蒙汉两种文字并用管理办法》明确规定:社会市面用文(字)的书写、挂放按下列规定执行:(一)横写的蒙古文在上、汉文在下,或蒙古文在前、汉文在后;(二)竖写的蒙古文在左、汉文在右;(三)环形写的从左向右,蒙古文在外环、汉文在内环,或蒙古文在上半环、汉文在下半环;(四)蒙汉文字分别写在两块牌匾上的,蒙古文牌匾挂在左边、汉文牌匾挂在右边,或蒙古文牌匾挂在上边、汉文牌匾挂在下边。

通常,文字的使用领域比语言的使用领域窄,调查点拉祜文、蒙古文、汉字的使用情况主要从教育领域、媒体领域、行政领域、法制领域、文化领域、服务行业用字进行考察,基本情况见表5-2。

表5-2 调查点文字使用领域情况表

文字 领域	拉 祜 文	蒙 古 文	汉 字
教育	少量拉祜文教材;扫盲教育曾使用过	蒙古文教材;双语教材;课外读物;考试命题;扫盲教育;成人教育等	凡有民族文字的地方,均有汉字;更广泛使用
文化	大型活动横幅;宗教仪式	大型活动横幅;文艺演出;文学创作;宗教仪式等	除宗教仪式外,凡有民族文字的地方,均有汉字;更广泛使用

文字 领域	拉 祜 文	蒙 古 文	汉 字
行政	大型会议;选举;政府牌匾、公章、小部分文件,县级以下地区较少使用	重要会议;选举;政府牌匾、公章、公文、标语、锦旗、大部分文件;宣传材料等	凡有民族文字的地方,均有汉字;更广泛使用
法制	未使用	信访;诉讼;法律文件;各类司法活动	凡有民族文字的地方,均有汉字;更广泛使用
媒体	未使用	音像制品;报纸杂志;网页;电视电影字幕等	凡有民族文字的地方,均有汉字;更广泛使用
服务行业	部分建筑物标牌;较大酒店、政府接待处门牌;部分景点指示牌;个体工商户牌匾偶见使用	建筑物标牌;公共设施;路标;景点指示牌、服务用语;个体工商户牌匾;邮电;车站;产品说明书;服务窗口名称等	凡有民族文字的地方,均有汉字;更广泛使用

表5-2显示:汉字在拉祜族和蒙古族聚居区的使用都非常广泛,除了少量传统的宗教活动没有使用外,其他基本有民族文字的地方都有汉字的出现。蒙古文的使用领域明显高于拉祜文的使用领域,拉祜文使用范围有限,法制、媒体领域均未使用,其他领域使用有限。

蒙古文的使用领域仅次于汉字,在各领域均得到较广泛的使用。2013年,新巴尔虎右旗人大常委会调研组对新巴尔虎右旗的蒙汉社会用字进行了调研:党政机关、社会团体、企事业单位各类门牌、公章、公告、通告、通知、宣传标语、指示牌等蒙汉并用率达到

97％以上,街道面蒙汉两种文字并用率、准确率、规范率达到98％;各级党代会、人民代表大会等大型会议和活动材料的翻译率达到90％以上,而全旗公文翻译率不到50％①。但在新媒体领域特别是互联网中的使用还有待提高,在一些网站中,蒙古文版的更新速度不及汉文版,从事相应工作的人员相对有限。

① 新巴尔虎右旗人大常委会调研组《关于"规范学习使用蒙古语言文字情况"的调研报告》,2013年9月23日新巴尔虎右旗第十四届人民代表大会常务委员会第五次会议。

第六章 少数民族聚居区的 语言文字政策

新中国成立以来,在《中华人民共和国宪法》和《中华人民共和国民族区域自治法》的基本精神引导下,我国政府重视少数民族的语言文字权利,逐步制定并完善少数民族语文政策体系。各民族自治地方从实际出发,制定和实施了与中央政府适应的语言文字政策。国家和各级政府的政策为保障民族语言文字权利,构建和谐的语言生活提供了重要的行为规范和法律法规。我国少数民族语文政策对保障我国少数民族平等权益、传承民族传统文化、促进民族团结进步、维护国家安全稳定等均具有重要意义。

调研组对近年来现行有效的国家层面、省区(云南省、内蒙古自治区)层面以及县市(澜沧拉祜族自治县、呼伦贝尔市)层面的语言文字政策进行了梳理。

第一节 国家层面的政策文件

一、国家重视推广国家通用语言文字的同时科学保护民族语言文字

民族语言文字是民族同胞之间交流和交际的重要工具,国家通用语言文字是各民族、各地域之间加强相互了解,提高整体国民

语言能力的重要手段,两者在我国社会发展的重要阶段中一直都是政策关注热点。我国政府在推广国家通用语言文字的同时,始终关注民族语文的保护和发展。根据我国《宪法》及《民族区域自治法》,目前我国各地现行有效的大部分自治条例和语言文字工作条例中都有"使用和发展少数民族语言文字""通用语文学习""推广汉语普通话"等相关表述,国家层面的政策在表述上"少数民族有使用和发展自己语言文字的权利"和"鼓励各民族互相学习语言文字"通常同时出现。推广汉语普通话既保证了国家政令的畅通,也为各民族、各地区之间的相互交流提供了便利。我国政府在民族地区推广通用语的目的是希望民族地区的群众能够在已有的语言基础上,再学会并使用一种全民族的共同语。目前,汉语已成为中华各民族的"族际共同语",是族际交流的主要语言工具,"规范化、标准化"是对国家通用语学习和使用的新要求。如何处理汉语与少数民族语言文字之间的关系在民族语文政策中也是一直被关注的问题,在新时期的语言文字工作中也是重点,《国家语言文字工作"十一五"规划》《国家中长期语言文字事业改革与发展规划纲要(2012—2020年)》等国家重要文件中都提到了要处理好国家通用语言与少数民族语言文字之间的关系。

　　我国政府在改革开放之后,提出"大力推广普通话",2000年实施西部大开发的战略,少数民族与汉族接触频繁,通晓汉语文的人数不断增长,语言之间的功能和关系发生了一定的变化。民族语言面临着衰退的趋势,有的民族语言的使用范围缩小、功能下降,有的甚至濒危,亟待抢救和保护。2011年10月,党的十七届六中全会通过的《中共中央关于深化文化体制改革推动社会主义文化大发展大繁荣若干重大问题的决定》提出了"科学保护各民族语言文字",这是我国在新时期的语言文字工作的指导思想,也是民族语文政策依据民族地区语言生活现状进行调整的体现。近年来,我国民族语言政策的重点,转向了对少数民族语言的"科学保护",即除了遵循原来的使用和发展的自由外,还要科学地保护它①。科学保护各民族语言文字是我国的语言文字政策顺应时势的新发展。

二、语言资源观逐步建立,少数民族语言文字是国家的重要语言资源

21 世纪以来,在全球化的浪潮之下,人们开始关注语言文化生态,重视语言资源,"语言资源观"逐步形成。语言资源具有重要的信息、教育、文化、经济、生态价值②,近年来,我国政府对"语言资源"的观念也日益重视,其中具有代表性的是《国家中长期语言文字事业改革和发展规划纲要(2012—2020 年)》提出了"语言文字是国家的战略性文化资源,是建设创新型国家,建设人力资源强国,推进中国特色新型工业化、信息化、城镇化和农业现代化的基础性资源"。语言资源意识成为近年来推动语言规划和语言政策的重要思想基础。

近年来,语言的"多语多言"现象被视为了人类的重要文化资源。语言资源观的建立,由过去关注"语言问题"到现在"语言是一种重要的社会文化资源",语言资源观的建立体现了一种"兼容并蓄"的战略思维,语言资源观的理念很好地避免了语言问题观和语言权力观可能导致的我国国家通用语与少数民族语言之间的矛盾,成为我国新时期研究和制定国家语文政策和规划的出发点。《国家中长期语言文字事业改革和发展规划纲要(2012—

---

① 戴庆厦《科学保护各民族语言文字研究的理论方法思考》,《民族翻译》2014 年第 1 期,第 17—19 页。
② 范俊军、肖自辉《语言资源论纲》,《南京社会科学》2008 年第 4 期,第 128—132 页。

2020 年)》提出了"语言文字是国家的战略性文化资源",语言资源观的建立是思想观念上的重要转变,是一种更科学的语言文字观。如果把语言看作影响交际和民族和睦的问题,便会致力于语言统一,而对许多语言的消亡并不关心;如果把语言看作人类重要的文化资源乃至经济资源,人们便会着力保护和开发这种资源,维护语言的多语性,努力抢救濒危语言①。近年来,我国逐渐以立法的形式将语言文字的精神地位、语言文字是重要的资源的理念确定下来,并建立了国家语言资源监测中心,语言资源意识在语言文字政策和语言文字工作中体现得越来越明显。

"语言资源保护工程"的兴起是语言资源观的重要体现,国家采用新的措施和现代科技化的手段对濒危语言进行保存、保护和开发,能更好地维护民族语言文化资源的多样性。"语言资源保护工程"已列入国家语言文字工作规划,并于 2015 年 5 月开始启动,至今已按计划顺利完成 2015 年度 81 个少数民族语言(含濒危语言)调查点、53 个汉语方言(含濒危方言)调查点和 32 个语言文化调查点的工作任务②。语言资源观日益成为语言政策、语言规划和语言文字工作的主导观念,期待在语言资源观理念的语文政策的导向下,各民族语言能各得其所、各展其长,更充分地发挥各类语言资源的优势。语言资源观认为语言是国家、社会乃至全人类的重要资源。在我国,多元文化和多语现象是一种社会事实,民族语言文字是我国的重要语言资源,树立语言资源观,正确认识多语现象带来的语言问题,才能更好地保护、开发、利用和发展民族语言文字,营造多样化并存的健康和谐语言生活。语言作为资源的

---

① 陈章太《语言资源与语言问题》,《云南师范大学学报》第 41 卷第 4 期,2009 年,第 1—7 页。
②《教育部办公厅关于推进中国语言资源保护工程建设的通知》,2016 年 3 月 17 日。

意义也愈来愈受到政府的关注和人们的重视。

民族语言文字是非物质文化遗产的重要组成部分①。2003年10月,联合国教科文组织大会通过了《保护非物质文化遗产公约》,提出"口头传统和表现形式,包括作为非物质文化遗产媒介的语言"都属于非物质文化遗产保护的对象。2007年4月,我国政府颁布的《国家语言文字工作"十一五"规划》提出"探索将语言文字作为非物质文化遗产加以保护的有效途径"。在地方政策中,《云南省非物质文化遗产保护条例》已由云南省第十二届人民代表大会常务委员会第二次会议于2013年3月28日审议通过,条例所称的非物质文化遗产,是指各族人民世代相传并视为其文化遗产组成部分的各种传统文化表现形式,以及与传统文化表现形式相关的实物和场所。明确规定包括了传统口传文学以及作为其载体的语言、文字等。澜沧拉祜族自治县第十三届人民代表大会第五次会议审议通过了《云南省澜沧拉祜族自治县民族民间传统文化保护条例》,其目的是保护、传承和弘扬民族民间优秀传统文化,促进经济社会协调发展。其中第四条第一款把"各民族的语言文字"列为非物质文化遗产保护的一部分。

三、国家坚持普特政策并举,双语教育能有效解决通用语文与民族语文的矛盾

我国的少数民族语言文字政策是国家努力实现平等发展和差异化相结合的制度在语言文化上的政策表现。教育对语言的保护、推广和学习均有着重要的作用,教育领域的语言政策对社会语言使用产生着重要的影响。在学校教育中重视民族语言的使用和

---

① 瞿霭堂《民族语言文字与非物质文化遗产的保护》,《民族翻译》2010年第4期,第7—14页。

推广,能润物细无声地对语言习得者的语言意识产生影响。戴庆厦先生认为,"两全其美"是解决少数民族双语问题的最佳模式①。我国的双语教育是一项伟大的跨文化、跨民族工程,要实现母语和通用语在语言生活中分工互补、和谐发展的"两全其美",双语教育的科学体系还需随着社会的发展不断完善。

2015 年 8 月,国务院颁布了《国务院关于加快发展民族教育的决定》,提出了"坚持缩小发展差距""坚持普特政策并举"的基本原则。

《国务院关于加快发展民族教育的决定》提出科学稳妥推行双语教育。国家通用语言文字教育基础薄弱地区学前教育阶段基本普及两年双语教育,义务教育阶段全面普及双语教育。依据法律,遵循规律,结合实际,坚定不移推行国家通用语言文字教育,确保少数民族学生基本掌握和使用国家通用语言文字,少数民族高校毕业生能够熟练掌握和使用国家通用语言文字。尊重和保障少数民族使用本民族语言文字接受教育的权利,不断提高少数民族语言文字教学水平。在国家通用语言文字教育基础薄弱地区,以民汉双语兼通为基本目标,建立健全从学前到中小学各阶段有效衔接,教学模式与学生学习能力相适应,师资队伍、教学资源满足需要的双语教学体系。国家对双语教师培养培训、教学研究等给予支持,为接受双语教育的学生升学、考试等提供政策支持。鼓励民族地区汉族师生学习少数民族语言文字和各少数民族师生之间相互学习语言文字。研究完善双语教师任职资格评价标准,建立双语教育督导评估和质量监测机制。

法制化是国家语言文字政策发展的趋势,语言文字需要立法,

---

① 戴庆厦《两全其美,和谐发展——解决少数民族双语问题的最佳模式》,《中央民族大学学报(哲学社会科学版)》第 38 卷第 5 期,2011 年,第 89—93 页。

语言文字立法是社会进步的需要。2010 年,国家民委发布了《国家民委关于做好少数民族语言文字管理工作的意见》提出"推进少数民族语言文字法制建设"是今后的主要任务之一。2012 年 12 月,教育部、国家语委发布的《国家中长期语言文字事业改革和发展规划纲要(2012—2020 年)》提出"要健全完善语言文字法律制度规范"的要求,我国的语言文字法制化工作正在推进。我国各级政府也在不断地重视语言文字的法制化建设。

第二节　省区级的语言文字政策

省区级的专门的语言文字政策以《云南省国家通用语言文字条例》《内蒙古自治区实施〈中华人民共和国国家通用语言文字法〉办法》《云南省少数民族语言文字工作条例》《内蒙古自治区蒙古语言文字工作条例》为代表,对云南省、内蒙古自治区国家通用语言文字、少数民族语言文字的学习和使用做出了比较权威的规定,是这两个省区在制定其他相关的语言文字政策的重要参考。

《云南省国家通用语言文字条例》已由云南省第十届人民代表大会常务委员会第十三次会议于 2004 年 11 月 26 日审议通过,规定了在本省行政区域内应当依据国家通用语言文字的规范和标准,推广普通话,推行规范汉字。推广普通话、推行规范汉字应当有利于维护国家主权和民族尊严,有利于国家统一和民族团结,有利于社会主义物质文明、政治文明和精神文明建设。《条例》对社会用字的范围及其规范性做出了明确的规定,指出公共服务行业应当以普通话为服务用语,提倡城乡居民学习和使用普通话。对不规范的用字用语行为,各有关部门在语言文字工作部门的协调和指导下,及时制止和纠正。对社会人员的普通话水平等级做出了规定。《云南省国家通用语言文字条例》的颁布对加强国家通用语言文字应用的管理,促进各民族、各地区经济文化交流和社会发展有着非常重要的意义。

2007 年 5 月 31 日,内蒙古自治区第十届人民代表大会常务委员会第二十八次会议通过《内蒙古自治区实施〈中华人民共和国国家通用语言文字法〉办法》,2021 年 9 月 29 日修订通过,2022 年 1 月 1 日起实施。规定各级人民政府应当采取措施,推广普通话和推行规范汉字。同时也指出,自治区科学保护各民族语言文字,尊重和保障少数民族语言文字学习和使用。蒙古语言文字也是自治区的通用语言文字,自治区各级国家机关执行职务时,可以以蒙古语言文字为主。学校、幼儿园及其他教育机构使用汉语言文字进行教育教学时,应当以普通话和规范汉字为教育教学用语用字。对社会用字中的汉语用字的规范以及社会人员的普通话水平等级做出了规定。同时也指出公共服务行业使用汉语言文字提供公共服务时,应当以普通话和规范汉字为服务用语用字。本《办法》为内蒙古自治区国家通用文字的学习和使用奠定了法律法规的基础,有着非常重要的意义。

2004 年 11 月 26 日,内蒙古自治区第十届人民代表大会常务委员会第十二次会议通过了《内蒙古自治区蒙古语言文字工作条例》。为促进蒙古语言文字的规范化、标准化和学习使用制度化及其繁荣发展,使蒙古语言文字在社会生活中更好地发挥作用,在总则中指出,蒙古语言文字是自治区的通用语言文字,是行使自治权的重要工具。自治区各级国家机关执行职务时,同时使用蒙汉两种语言文字的,可以以蒙古语言文字为主。各级人民政府应当推广蒙古语标准音和统一蒙古文标准写法,自治区以正蓝旗为代表的察哈尔土语为蒙古语标准音。并对蒙古语文的相关工作明确职责和奖罚。在教育方面重点扶持以蒙古语言文字授课为主的各级各类教育机构,培养兼通蒙汉两种语言文字的各类专业人才,并增加资金投入和设立政策优惠和资金补贴。重视蒙古语言文字的社会使用以及在社会媒体中的投入,重视蒙古语言文字的科学研究和规范化、标准化。2000 年 12 月 10 日,内蒙古自治区为了加强蒙古语文的学习与使用,充分发挥蒙古语文在全区民族团结、改革开放、经济建设和社会发展中的积极作用,根据《中华人民共和国宪法》和《中华人民共和国民族区域自治法》的有关规定,结合实际,制定了《内蒙古自治区学习使用蒙古语文奖励办法》,对学习使用蒙古语文的先进集体和先进个人,坚持精神奖励和物质奖励相结合。本《条例》2022 年 1 月 1 日在《内蒙古自治区实施〈中华人民共和国国家通用语言文字法〉办法》修订生效后同时废止。

云南省第十二届人民代表大会常务委员会第二次会议于 2013 年 3 月 28 日审议通过《云南省少数民族语言文字工作条例》,《条例》共二十四条,主要规范了以下几方面的内容: 一是使用少数民族语言文字的审批;二是关于少数民族语言文字人才的培养,重视双语教学,明确规定报考师范类专业的考生,熟练掌握一种少数民族语言并经少数民族语言测试合格的,应当优先录取;三是关于少数民族语言文字工作规划和经费的保障;四是关于少数民族语言文字的抢救保护。

《云南省少数民族教育促进条例》于 2013 年 7 月 24 日经云南省第十二届人民代表大会常务委员会第四次会议通过,指出少数民族教育应当统筹规划、因地制宜、分类指导、重点扶持。第六条规定县级以上人民政府及其教育行政部门应当通过举办双语幼儿园、民族学校、民族部(班)、少数民族预科教育等多种办学形式,发展具有少数民族教育特色并能适应民族地区经济社会发展的学前教育、义务教育、普通高中教育、职业教育、高等教育、特殊教育;

优先规划、建设标准化寄宿制民族中小学。

第七条规定各级人民政府应当加快发展少数民族和民族地区的学前教育,逐步普及学前教育。县(市、区)人民政府应当在不通或者基本不通汉语的少数民族聚居乡(镇),举办双语幼儿园;省、州(市)人民政府应当给予补助。第十二条规定教育行政部门应当加强双语教学资源的研究开发和应用,在小学阶段设置适合少数民族学生特点的双语教学课程。

第十五条规定各级人民政府应当建立双语教师的培养、培训制度;在民族高等学校和民族地区师范院校建立双语教师培养、培训基地,根据民族地区的需要,举办定向双语师资班,学生毕业后择优录用、聘用到当地小学或者幼儿园工作。鼓励在民族地区工作的教师学习使用当地通用的少数民族语言。对熟练掌握使用少数民族语言文字教学并有效提高教学质量的教师予以表彰奖励;在同等条件下评优评先、职称评定、岗位聘任及骨干教师、学科带头人认定时,优先推荐。

第二十一条规定开展双语教学的小学国家课程和地方课程教科书经费,应当全部纳入义务教育经费保障范围。

现行的内蒙古自治区和云南省的语言文字政策主要有以下特征:

一、双语是云南省和内蒙古自治区在语言政策上关注的重点

国家通用语言——汉语普通话是少数民族地区重要的族际语,也是少数民族群众了解不同语言文化和先进科学技术的主要工具,而民族语言在少数民族中是重要的交际用语,如何处理汉语与少数民族语言文字之间的关系在民族语文政策中也是一直受到

关注的问题,在新时期的语言文字工作中也是重点。提倡双语,让少数民族群众在使用和发展自身民族语言文字的同时掌握一门国家通用语言文字,双语教学是双语教育实施的有效途径,我国各省区根据有关法律法规,结合自身地域语言文字的特点因地制宜地进行课程设置和教学模式的制定,促进双语教育的发展。从现行有效的语言文字政策来看,云南省和内蒙古自治区都非常重视双语问题。

云南省在《云南省国家通用语言文字条例》第四条规定了各民族都有使用和发展本民族语言文字的自由。少数民族语言文字的使用依据宪法、民族区域自治法及其他法律的有关规定。第十二条规定学校及其他教育机构在教育教学活动中应当以普通话和规范汉字为基本教学语言文字。招收少数民族学生为主的学校(班级)和其他教育机构,可以使用汉语和少数民族语言文字进行双语教学。以及《云南省少数民族语言文字工作条例》《云南省实施〈中华人民共和国义务教育法〉办法》等都有非常明确的规定。

云南省非常重视双语教师的培养,和对双语教育的相关政策倾斜。2004年5月,云南省第十届人大常委会第九次会议通过并颁布了《云南省实施〈中华人民共和国民族区域自治法〉办法》,第三十三条第二款规定上级教育、民族等行政部门应当从师资培养、培训等方面,对民族自治地方举办双语文教学的学校给予特殊扶持,重视培养通晓少数民族语文和汉语文的双语教师队伍。

2011年,《云南省人民政府关于促进义务教育均衡发展的实施意见》(云政发〔2011〕157号),提出了以专业化建设为重点,优化义务教育教师资源,要把双语双文教师培训培养作为教师队伍建设的一项重要内容。2011年9月10日《中共云南省委、云南省人民政府关于深入实施"十二五"兴边富民工程的决定》（云发〔2011〕15 号）提出：积极发展公共服务事业，推进双语教育和职业教育，全面提高边境群众文化素质。2012 年 11 月 29 日云南省第十一届人民代表大会常务委员会第 35 次会议通过的《云南省学前教育条例》，第四十条规定省教育行政部门应当通过在高等师范院校设立学前教育院系，组建幼儿高等师范专科学校，扶持中等职业学校举办学前教育专业，定向或者委托高等学校培养少数民族地区双语幼儿教师等措施，加快学前教育师资的培养。第四十一条规定县级以上教育行政部门应当制定学前教育教师的培养、培训计划，并组织实施。2012 年 6 月 25 日《中共云南省委、云南省人民政府关于建设民族团结进步边疆繁荣稳定示范区的意见》中提出了加快普及学前教育，在不通和基本不通汉语的少数民族乡村建设国家通用语言和少数民族语言双语幼儿园，并给予扶持。加快推进民族地区逐步普及学前教育。以及加强民族文化知识和双语教学的相关意见。2014 年《云南省人民政府关于深入推进义务教育均衡发展的实施意见》（云政发〔2014〕26 号）提出了关心和改善教师待遇，改善教师资源初次配置，重点为老、少、边、穷地区培养和补充紧缺教师，对教学点的全科教师和"双语教师"在编制安排上给予政策倾斜。

2012 年 1 月 5 日《内蒙古自治区人民政府关于促进牧区又好又快发展的实施意见》（内政发〔2012〕4 号）提出了要大力发展牧区社会事业，其中提到要"高标准普及牧区双语授课普通高中教育，大力发展牧区职业教育，为牧区培养实用人才"。内蒙古自治区建立了与双语有关的优惠和减免政策。2010 年 7 月 16 日《内蒙古自治区人民政府批转自治区发展改革委关于 2010 年深化经济体制改革重点工作实施意见的通知》（内政发〔2010〕59 号）提出了要深化教育体制改革，优先、重点发展民族教育，改善民族教育办学条件,加强"双语"师资队伍建设,逐步在民族语言授课高中阶段和民族幼儿教育阶段实现免费教育。全面实施素质教育,扎实推进高中新课程的实施。2011 年 2 月 14 日《内蒙古自治区人民政府办公厅转发关于中等职业学校学生和高中阶段蒙古语(朝鲜语)授课学生家庭经济困难学生实施"两免"政策意见的通知》(内政办发〔2011〕23 号)提出免收学费和免费提供教科书所需资金,由自治区和盟市共同承担。《国务院关于进一步促进内蒙古经济社会又好又快发展的若干意见》(国发〔2011〕21 号)提出要加强民族教育,提高双语教学质量,对高中阶段教育和农村义务教育家庭经济困难寄宿生给予生活费补助。2012 年 12 月 24 日《内蒙古自治区人民政府办公厅关于进一步完善高中阶段教育"两免"政策有关事宜的通知》(内政办发〔2012〕147 号)提出"为进一步加强民族教育,从今年秋季学期起,自治区对全区双语授课普通高中寄宿生实行生活费补助制度,补助标准为每生每天 7 元,全年补助 270 天"。

二、对民族语言文字的教育和教学越来越具体和明确

云南省及内蒙古自治区在实施《中华人民共和国义务教育法》规定在义务教育阶段,民族地区的学校或班级应当使用国家通用语言文字和民族语言文字的教学。从近几年来内容的修订上来看,越来越具体和明确。

(一)《云南省实施〈中华人民共和国义务教育法〉办法》的制定与修正

1986 年 10 月 29 日云南省第六届人民代表大会常务委员会第二十四次会议通过《云南省实施〈中华人民共和国义务教育法〉办法》,1992 年 11 月 25 日云南省第七届人民代表大会常务委员会第二十七次会议第一次修正,根据 1997 年 12 月 3 日云南省第八

届人民代表大会常务委员会第三十一次会议《云南省人民代表大会常务委员会关于修订 15 件地方性法规的决定》第二次修正，2010 年 5 月 28 日云南省第十一届人民代表大会常务委员会第十七次会议第三次修正。一共经过了三次修正，从制定到修正在内容上有一定的变化：

1986 年版：第十六条　学校应当推广、使用全国通用的普通话和规范的文字。在以招收少数民族学生为主的学校或者班级，可以用本民族通用的语言、文字教学，并使用全国通用的语言、文字教学；没有本民族文字的，直接使用全国通用的语言、文字教学，用本民族语言辅助教学。

1992 年（修正）版：第二十六条　实施义务教育的学校应当推广使用全国通用的普通话和规范的文字。少数民族学生为主的学校或者班级，可以用本民族通用的语言、文字教学，并使用全国通用的语言、文字教学；没有本民族文字的，直接使用全国通用的语言、文字教学，并可以用本民族语言辅助教学。增加了第二款："省人民政府和民族自治地方人民政府，应当按照有关规定组织好义务教育教材民族文字的翻译、出版、发行工作。"增加了第三十二条第四款："提倡和鼓励在少数民族地区工作的教师学习当地少数民族的语言文字。"

1997 年（修正）版在与少数民族语言文字教学的规定上与 1992 年的修正版本完全一致。

2010 年（修正）版：第二十四条　以少数民族学生为主的学校或者班级，可以同时使用国家通用语言、文字和本民族语言、文字进行教学；有本民族语言但没有文字的，可以使用国家通用语言、文字和本民族语言进行教学。省人民政府和民族自治地方人民政府及有关部门，应当组织做好民族文字义务教育教材的翻译、出版工作。

第二十七条第三款 鼓励在少数民族地区工作的教师学习少数民族语言、文字。

(二)《内蒙古自治区实施〈中华人民共和国义务教育法〉办法》的制定与修正

1988 年 9 月 15 日内蒙古自治区第七届人民代表大会常务委员会第二次会议通过《内蒙古自治区实施〈中华人民共和国义务教育法〉办法》,根据 2010 年 3 月 25 日内蒙古自治区第十一届人民代表大会常务委员会第十三次会议《关于修改部分地方性法规的决定(一)》修正,2012 年 5 月 30 日内蒙古自治区第十一届人民代表大会常务委员会第二十九次会议修订。

1988 年版:第七条 学校应当推广使用全国通用的普通话。招收蒙古族或者其他少数民族学生为主的学校,应当用本民族通用的语言文字教学。用蒙古语言文字授课的学校(班)要推广蒙古语标准音。

2010 修订在相关内容上保持一致。

2012 年修订之后内容上有变化,原有的第七条的内容变为第六十一条和第六十三条,具体规定上有变化,并且增加了第六十二条:

第六十一条 以蒙古语或者其他少数民族语言文字授课的民族学校,在开好本民族语言文字课程的基础上,应当按照课程计划开设汉语和外国语课程。以汉语言文字授课为主的民族学校,应当加授本民族语言文字或者开设本民族语言会话课程。民族学校应当开展民族优秀传统文化教育。

第六十二条 自治区支持少数民族文字教学用书的编译出版、教学课件及音像资料的开发、使用。

第六十三条 学校应当推广使用普通话和规范汉字。以蒙古语言文字授课的学校(班)应当推广蒙古语标准音和蒙古文标准写法。

修改之后的第六十一条更加注重民族语文的教学和国家通用语言文字的推广，在内容上更加明确，并增加了在蒙古语文授课的学校或班级应推广蒙古文标准写法。

三、民族聚居区的语文政策在内容上各有特色

（一）内蒙古自治区对社会市面蒙汉双文字并用尤为关注

1996 年 4 月，内蒙古自治区人民政府办公厅发布通知，印发《内蒙古自治区社会市面蒙汉两种文字并用管理办法》，《办法》第二条规定："社会市面用文（字），是指自治区境内各级机关、人民团体、企事业单位（包括三资企业、集体企业和个体工商户）、武装力量和中央及外省区驻我区各单位的名称，需要社会公知并且用文字表示的标志，其中牌匾、公章、文件头、信封、信纸、会标、公告、票据、证件、须知、营业执照、奖状、锦旗、时刻表、机动车辆等必须用蒙汉两种文字并写；宣传栏、标语、广告、产品说明书、商标、装潢、表册、标价、界牌、指路标志、交通标志等，也要体现民族特点，逐步做到蒙汉两种文字并用。"第三条对社会市面用文（字）的书写和挂放有明确的规定。此外，《办法》还对审定译字做了严格的管理，对检查、监督等职能部门进行了详细的划分。

在 2003 年 8—9 月，根据内蒙古自治区人民政府办公厅《关于检查各盟市贯彻落实民族语文政策情况的通知》精神，自治区民委（语委）在全区范围内检查了民族语文政策的落实情况，主要检查社会市面蒙汉两种文字并用和党政机关公文蒙汉两种文字并行情况，自治区人大通过的呼和浩特市和包头市《社会市面用文蒙汉两种文字并用管理办法》的颁布实施，开辟了蒙古语文工作法治化的先河，起到了率先垂范的作用。呼和浩特市 9 个旗县区的并用率、

准确率、规范率均已达到 99%①。

　　社会市面蒙汉两种文字并用和党政机关公文蒙汉两种文字并行是贯彻党的民族语文政策和少数民族地区行使自治权利的一项重要内容。2004 年 4 月 12 日,《内蒙古自治区人民政府办公厅关于进一步做好全区社会市面蒙汉两种文字并用和党政机关公文蒙汉两种文字并行工作的通知》,进一步加强全区社会市面蒙汉两种文字并用和党政机关公文蒙汉两种文字并行工作,强化督促检查,做好落实工作。

　　2014 年,《内蒙古自治区人民政府办公厅关于印发社会市面蒙汉两种文字并用治理工作方案的通知》,分为三个阶段进行：启动阶段、全面开展阶段、巩固和总结阶段,规定各地区要进一步巩固扩大治理工作成果,认真总结工作经验和开展情况,在第三阶段确保本地区社会市面蒙汉两种文字并用率达到 100%,规范标准率达到 98% 以上。

　　2010 年 1 月 6 日,内蒙古自治区人民政府第一次常务会议审议通过了《内蒙古自治区信息化促进办法》,规定旗县以上人民政府应该加强蒙古语言文字信息资源的开发利用。

　　云南省在对少数民族语言文字的社会用字的明确规定较早的有 1998 年 11 月 9 日省人民政府第 10 次会议通过云南省人民政府令(第 74 号)《云南省社会用字管理规定》：第八条(六) 在民族自治地方使用民族文字时,依照《中华人民共和国民族区域自治法》和自治条例的有关规定执行。

　　(二) 内蒙古自治区注重推进蒙古语言文字信息化建设

　　在快速发展的现代信息社会,互联网成了目前最便捷的信息

---

① 具体内容和数据参考《关于各盟市贯彻落实民族语文政策情况报告的通知》(内政办字〔2003〕467 号),2003 年 12 月 25 日。

载体,推进民族地区信息化建设工作成了民族语文政策新的重要关注点。语言文字的信息化是信息化的基础,民族语文信息化程度最终决定民族信息化的水平。伴随着"民族语文信息化"的需要,民族语文的"规范化、标准化"尤为重要。2012 年 7 月,国务院办公厅印发《少数民族事业"十二五"规划》,以专栏的形式强调"少数民族语言文字规范化信息化工程建设",提出"要加快少数民族语言文字标准规范的研制""开展多民族语言文字平台建设和民族语言资源库建设"。2014 年颁布的《国家语言文字工作委员会关于进一步做好语言文字信息化工作的若干意见》也是民族语文信息化工作的重要指导性文件。

蒙古语言文字是内蒙古自治区法定的通用语言文字,是行使自治权利的重要工具。蒙古语言文字信息化是蒙古语文工作的重要组成部分,做好新形势下蒙古语言文字信息化工作,对于认真落实党和国家的民族政策,全面实施《内蒙古自治区蒙古语言文字工作条例》,增强民族团结,弘扬民族文化,巩固和发展平等、团结、互助、和谐的社会主义民族关系,促进蒙古语言文字的学习、使用、研究和发展都具有重要意义。2012 年 11 月 16 日,《内蒙古自治区人民政府关于加快推进蒙古语言文字信息化建设的意见》(内政发〔2012〕106 号)提出了蒙古语言文字信息化事业要能为少数民族农牧民生产生活提供市场、科技、教育、卫生等信息服务,使蒙古语言文字信息化建设成果惠及各族群众。并提出了要"加快蒙古语言文字信息化专业人才培养步伐"。在自治区有关高等院校设立蒙古语言文字信息技术相关专业,大力培养蒙古语言文字信息化人才,建设一支既懂现代信息技术又熟悉蒙古语言学的高素质信息化建设骨干队伍,为蒙古语言文字信息化发展及自治区云计算开发等信息化重大项目建设提供人才储备和智力支持。

2012 年 6 月 25 日《中共云南省委、云南省人民政府关于建设民族团结进步边疆繁荣稳定示范区的意见》提出了要实施民族传统文化保护传承工程。加强现代科技对民族传统文化的保护应用，编制民族传统文化保护目录和规划，建设民族传统文化资源库和少数民族语言文字资源库。以及"继续实施村村通广播电视工程，开办少数民族语言文字宣传网站和卫星电视频道，建设西南少数民族文字出版基地和云南少数民族文字出版中心，建设云南少数民族语言文字翻译中心，建设面向东南亚、南亚的传媒译制中心"等意见和措施。

第三节　县市级的语言文字政策

县市级公开制定的与语言文字相关的法律法规层面的政策非常有限。

1988 年 3 月 21 日云南省澜沧拉祜族自治县第八届人民代表大会第二次会议通过，1988 年 7 月 15 日云南省第七届人民代表大会常务委员会第一次会议批准，2007 年 2 月 4 日云南省澜沧拉祜族自治县第十二届人民代表大会第五次会议修订，2007 年 3 月 30 日云南省第十届人民代表大会常务委员会第二十八次会议批准《云南省澜沧拉祜族自治县自治条例》，与语言文字相关的内容有：

第二十条　自治县的人民法院和人民检察院使用汉语言文字审理和检察案件。保障各民族公民都有使用本民族语言文字进行诉讼的权利。对于不通晓汉语言文字的诉讼参与人，应当为他们提供翻译。制作法律文书使用汉文。

第四十一条第二款　自治县的自治机关根据国家的教育方针和有关法律法规的规定，制定教育发展规划，决定各级各类学校的设置、学制、办学形式、教学内容、教学用语和招生办法。

　　第四十二条第三款　自治县的各级各类学校使用普通话教学。以招收少数民族学生为主的小学,可以使用少数民族语言辅助教学。

澜沧拉祜族自治县第十三届人民代表大会第五次会议审议通过了《云南省澜沧拉祜族自治县民族民间传统文化保护条例》,第四条的第一类就明确提出"各民族的语言文字"受到条例保护。

法治是治国理政的基本方式,党的十八届四中全会首次以专题形式提出了"依法治国"的治国方略,体现了我国党和政府对法治建设的重视。我国国家层面的法律法规从不同的侧面,规定了少数民族语言文字的使用和发展,为我国各级政府依法管理民族语文工作,提供了法律依据。我国《立法法》第八十五条从法律的角度赋予省(区)市以及自治地方一定的立法和变通权。区域性的少数民族语文政策是在国家的重要法律法规基本原则和精神的导向下,为解决地方语言文字的实际需要和问题而制定的。通过对少数民族语文政策地域分布特征的分析发现,由于民族自治地方在各省区数量分布不均衡,各地方的语言文字状况也不同,少数民族语文政策在地域上表现出数量上的不平衡性和内容上的差别化,这是各地域在落实国家政策时表现出来的差异性。从公共政策的角度来说,只有将中央的政策精神转化为地方政策,才能保障中央政策在地方的有效贯彻执行。国家层面的语文政策是针对全国普遍情况而制订的,其性质决定了原则性和普遍性的特征。我国的民族众多,民族语言文字发展不平衡,国家层面对民族语文原则性的规定,需要通过结合地方的语言文字情况进行政策细化和再规划,才能真正落实。

第七章　少数民族聚居区语言使用的影响因素分析

第一节　少数民族聚居区语言文字掌握情况

一、聚居区居民的母语语言使用能力均衡，文字使用能力不平衡

澜沧拉祜族自治县及新巴尔虎右旗均属于本民族群体高度聚居分布的区域，人口相对其他民族占很大优势，社会影响力大，有利于对母语的保护，两个聚居区内居民能"熟练"使用本民族语言文字的情况如图7-1所示。

图7-1显示：澜沧拉祜族聚居区与新巴尔虎右旗的蒙古族聚居区被试者居民"熟练"使用母语能力均达到100%；能使用蒙古语"熟练"阅读的占被测试总数的72.31%，能"熟练"书写蒙古文的占被测试总数的63.07%；能使用老拉祜文"熟练"阅读的仅占被测试总数的4.12%，能"熟练"书写老拉祜文的仅占被测试总数的3.31%。

所调研的拉祜族、蒙古族聚居区内全民稳定使用民族语，母语的听说能力均衡，母语代际传承良好。对文字的使用能力有较大差异，蒙古族居民对本民族文字的掌握整体情况较好，学校教育是

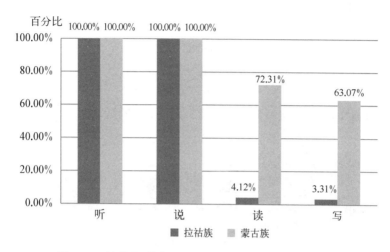

图7-1　拉祜族、蒙古族聚居区居民"熟练"使用本民族语言文字情况表（调查人数为185人）

蒙古文学习的主要途径；拉祜族居民的文字使用能力整体水平非常低，读老拉祜文记载的《新约圣经》是老文字学习的主要途径，所调查的拉祜族三个村寨的居民没有人能"熟练"书写新拉祜文，只有个别原来接受过扫盲教育的村民能认识少量的新文字，新文字在所调研的地区普及率非常低。

二、聚居区内居民的汉语言文字能力差异性较大

汉语普通话在所调研的拉祜族、蒙古族聚居区都是非常重要的族际语言，但聚居区居民掌握汉语的程度差异性较大，拉祜族、蒙古族居民"熟练"使用汉语情况如图7-2所示。

图7-2显示：蒙古族聚居区被试者居民对汉语的听说能力明显高于拉祜族；拉祜族被试者能"熟练"阅读汉语文章的仅19.17%，能"熟练"书写汉字的仅占被试者的13.33%。蒙古族被

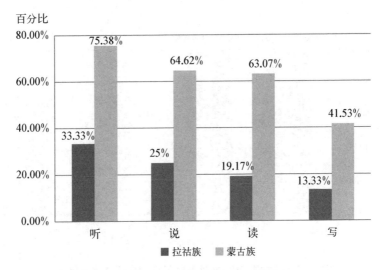

图 7－2　拉祜族、蒙古族聚居区居民"熟练"使用
汉语情况表（调查人数为 185 人）

试者能"熟练"阅读汉语文章的占 63.07%，能熟练书写汉字的被试者仅占总数的 41.53%，蒙古族聚居区被试者居民对汉字读写能力也明显高于拉祜族聚居区的居民。

　　其中，蒙古族聚居区的汉语熟练水平高于拉祜族聚居区，略懂汉语的人数比例略高于拉祜族聚居区，不会汉语的人数比例明显低于拉祜族聚居区。可见，蒙古族聚居区居民的汉语水平要高于拉祜族聚居区。

　　汉语文学习的主要途径是学校教育，汉语水平与受教育程度成正比，拉祜族被试者的受教育程度普遍较低是其汉语水平整体较低的重要原因。其次，地域也是影响汉语水平的重要因素，拉祜族聚居的勐朗镇和蒙古族聚居的阿拉坦额莫勒镇是当地县政府驻地，因而与新生事物及其他民族居民接触较多，汉语水平相对较高，其他地区的居民汉语水平明显偏低。

三、聚居区内居民对其他语言文字的掌握情况

表 7 - 1　少数民族聚居区其他民族语言和外语掌握情况对比

被调查村寨	调查对象	掌握其他民族语言	掌握外语
老达保村	457	4 人熟练掌握傣语	9 人
班利村	514	25 人熟练掌握哈尼语	0 人
唐胜老寨	292	1 人熟练掌握佤语	0 人
阿拉坦额莫勒镇	47	4 人熟练掌握达斡尔语 1 人熟练掌握朝鲜语	18 人较熟练掌握英语 3 人较熟练掌握俄语
宝格德乌拉苏木	18	—	3 人较熟练掌握英语

从上表可以看出，不同民族、不同聚居区的居民在其他语言文字能力上有差异。

（一）聚居区居民掌握其他民族的少数民族语言的情况及原因

1. 族外通婚：澜沧拉祜族自治县人口在千人以上的世居少数民族有 8 个，包括了拉祜、佤、哈尼、彝、傣、布朗、回等民族。拉祜族聚居区的老达保、班利村和唐胜老寨，虽然都是典型的拉祜族聚居区，但周边的村寨有其他民族的聚居区，虽然聚居区内以族内婚姻为主，但也有少数居民实际是族外婚姻，掌握其他民族语言的居民中部分是其他民族通婚来拉祜族聚居区的居民。

2. 社会交往：主要指的是酒井乡勐根村老达保的李扎拉、张扎丕，他们都是拉祜族，但能熟练地使用傣语。

3. 居住环境：酒井乡勐根村老达保是三个调研点中掌握哈尼语居民最多的地区，是因为酒井乡也是一个哈尼族的主要聚

居乡镇,哈尼族占总人口数的 44%,拉祜族占乡人口总数的38.6%,还居住着傣族、佤族等民族群众,虽然各民族以村的形式聚居,但同处一乡镇,地理位置以及生活生产中都接触频繁,因此在酒井乡的拉祜族和哈尼族会互相学习语言。从内蒙古自治区的情况来看:阿拉坦额莫勒镇有 4 人熟练掌握达斡尔语、1 人熟练掌握朝鲜语,而内蒙古宝格德乌拉苏木所调研的居民中未见有掌握其他少数民族语言的。主要原因是阿拉坦额莫勒镇是重要的经济中心,主要的旅游集散地,对外交流频繁,虽然是以蒙古族为主,但也居住了蒙古族、汉族、达斡尔族、回族等多民族群众,散居在蒙古族聚居区。而宝格德乌拉苏木是典型的蒙古族聚居地,居民绝大部分为蒙古族,保持着蒙古族传统的生活方式,与其他民族的接触相对较少。

（二）聚居区居民掌握其他国家语言的情况

所调研的拉祜族、蒙古族聚居区的居民,在外语能力调查中,掌握的外语语种主要有英语、俄语。相对来说,拉祜族聚居区所调研的居民中能熟练掌握英语的较少,而蒙古族聚居区居民的英语水平相对较高。对英语的学习途径主要是学校教育,年龄主要集中在 15 岁至 35 岁之间。

阿拉坦额莫勒镇熟练掌握俄语的居民有永丰等三人,都有外出俄罗斯打工的经历。三个年轻人两男一女,他们性格开朗乐观,中学毕业后陆续去俄罗斯打工,去俄罗斯之前基本不会俄语,在学校学习的外语是英语,到俄罗斯之后慢慢学会了当地的语言。新巴尔虎右旗地处我国边疆,独特的地理位置,为敢于挑战的年轻人创造了出国打工的便利条件。在俄罗斯的几年,他们熟练掌握俄语,其中两个年轻人是一对情侣,随着年龄增长,婚龄将近,为了回老家结婚,他们从俄罗斯归来,近期还未有出国的打算。

近年来,外语教育在少数民族地区已经开始重视起来,联合国教科文组织认为现代人应该至少使用三种语言：母语、一种国家语言或地方语言及一种国际语言。随着改革开放的社会发展,由于经济、教育、文化等影响,几年来少数民族地区的居民对外语的学习热忱不断提高。学校教育是少数民族聚居区居民掌握外语最重要的方式。自2002年7月,国务院颁布的《国务院关于深化改革加快发展民族教育的决定》提出："在民族中小学逐步形成少数民族语和汉语教学的课程体系,有条件的地区应开设一门外语课。"之后,"三语教育"的概念兴起,即对少数民族中小学生进行少数民族母语教学、少数民族汉语教学、少数民族英语教学。2014年《赤峰市人民政府关于加快发展民族教育的决定》提出"建设优质精品和学科特色民族高中,加强'三语'教学"等。虽然"三语教育、三语教学"的概念目前还未在国家级的文件中正式提出,在所调研的澜沧拉祜族自治区和内蒙古呼伦贝尔市都还未有规范性文件出现,但在实际的教育教学中,民族地区的外语教育已经越来越受到关注,三语教育是全面推进素质教育的需要,民族地区科学合理的外语政策也越来越受到国家和地方政府的重视。但由于教育条件、师资配备、教学资源等原因的差别,外语教学在少数民族地区的差异性较大。

第二节　少数民族聚居区语言文字
使用现状成因分析

所调研的两个少数民族聚居区均处于边境地区,少数民族聚居区内的居民熟练使用本民族语言,相对来说对民族语言的熟练程度较高,对民族文字熟练程度较低,特别是对拉祜文的掌握程度非常低;少数民族聚居区大部分居民能使用汉语交流,但熟练掌握汉语程度不高,对汉字的熟练使用程度偏低。本节基于调研数据,采用 SPSS 统计软件,对影响民族语言文字、汉语及汉字的相关性因素做客观分析。

一、影响拉祜族聚居区语言能力相关性因素分析

调研组对拉祜族地区收回的 120 份调查问卷的基本数据进行整理,如下表所示:

表 7‐2 被试者样本构成表(N=120)

民　族	分　　类		样　本	占　比
拉祜族	性别	男	60	50.00%
		女	60	50.00%
	地域	老达保	40	33.33%
		唐胜老寨	40	33.33%
		班利村	40	33.33%
	年龄	<20	27	22.50%
		20—39	35	29.20%
		40—60	32	26.70%
		≥60	26	21.70%
	受教育程度	文盲	24	20.00%
		小学	69	57.50%

续　表

民　族	分　类		样　本	占　比
拉祜族	受教育程度	初中	27	22.50%
		初中以上	0	0
	职业	学生	21	17.50%
		务农	91	75.80%
		个体商户	3	2.50%
		公务员	2	1.70%
		其他	3	2.50%

　　抽样调查样本男女比例基本持平,年龄分布较均匀;居住地人口数分布较均衡;调研点拉祜族居民的受教育程度普遍低,样本的文化程度集中在小学、初中文化水平,样本的结构与当地的整体情况基本一致;样本的职业以务农为主,学生占其次,符合当地的实际情况。

　　语言能力包括听、说、读、写四项基本技能,为了对拉祜族聚居区语言能力的影响因素进行更深入的分析,本研究采用SPSS 软件对调查问卷结果进行全面分析,重点分析了不同的社会变项与语言能力之间的关系,针对其相关性、差异性运用语言学、民族学的理论解释之间的关系和原因。具体分析如下①。

---

① 本部分主要以问卷调查数据结果为主,由于篇幅有限,以下表格列出的均为相关因素,如需要完整的分析结果,请与作者联系。

（一）受教育程度与汉语听、说、读、写能力之间存在显著相关性

表 7 - 3   受教育程度与语言能力的相关性分析结果（N = 120）

		汉语-听	汉语-说	汉语-读	汉语-写	拉祜语-读	拉祜语-写
教育程度	Pearson 相关性	0.446**	0.491**	0.576**	0.581**	0.118	0.125
	显著性（双侧）	0.000	0.000	0.000	0.000	0.198	0.174

注：表格数据使用 SPSS 双变量相关性分析中的 Pearson 双侧显著性检验方法得到。

**在 0.01 水平（双侧）上显著相关。

统计数据表明：

1. 教育程度与普通话的听、说、读、写能力在 0.01 水平（双侧）上都存在显著的正相关，表明被试者受教育程度越高，其普通话能力越强。从相关性数据显示，普通话的听说读写能力与教育程度之间也存在一定的递进关系，相关性由强到弱为：写>读>说>听。听、读技能是输入的过程，说、写技能是输出过程，输入是语言习得的重要过程，要想实现高效的输出，必须要有大量、有效的输入作保证。其中，听、说不在一个层次，只有在听力达到非常熟练的程度，才能在感知方面做好说的准备。读、写则是对文字的掌控能力，是在听、说能力之上的，如不通过读的方式对大量文字信息的掌握、积累与消化，就难以达到熟练书写文字。拉祜族居民对汉语的学习主要是通过学校教育，因此受教育程度对居民的汉语能力影响较大。在拉祜族聚居区初中教育程度的居民通常就有了良好的汉语听说读写能力，小学程度的居民具备了较好的听说能力和一定的读写能力，而小学程度以下的居民的汉语读写能力非常低

下。拉祜族整体的教育水平偏低是汉语水平不高的重要原因。

2. 数据显示,教育程度与拉祜语的读写之间无显著相关性。表明在所调研区域的拉祜族学校教育中,拉祜文的教学可能没有列入课程教学内容。

（二）年龄与汉语听、说、读、写能力之间存在显著相关性

表 7 - 4　年龄与语言能力相关性分析结果（N = 120）

		汉语–听	汉语–说	汉语–读	汉语–写	拉祜语–读	拉祜语–写
年龄	Pearson 相关性	−0.515**	−0.598**	−0.542**	−0.593**	0.043	0.023
	显著性（双侧）	0.000	0.000	0.000	0.000	0.643	0.804

注：表格数据使用 SPSS 双变量相关性分析中的 Pearson 双侧显著性检验方法得到。

＊＊在 0.01 水平（双侧）上显著相关。

统计数据表明：年龄与汉语普通话的听、说、读、写能力在 0.01 水平（双侧）上存在显著的负相关性,表明：被试者年龄越大,汉语能力总体倾向性越弱。被试者中青少年的汉语能力明显高于父辈。表 2 - 3（第 51 页）的数据也显示出年龄段与汉语能力之间成反比：老达保 60 岁以上达到“熟练”等级的仅 5.17%,其他两个村寨“不会”汉语的人也大多集中在这个年龄阶段。汉语能力达到“熟练”级的被试者普遍集中在年龄在 40 岁以下人群,其中 20—39 年龄段的人群汉语水平最高。处在此年龄段的被试者,受教育程度相对较高、外出与汉语接触机会较多,这些都是影响汉语能力的因素。

（三）地域与汉语、拉祜语语言能力之间有显著相关性

本部分按照调查对象所属的地域（老达保、唐胜老寨、班利

村)进行分组,各组对应的语言能力的差异分析结果如下:

表 7 – 5　不同地域之间的语言能力差异分析结果(N = 120)

因变量	地域(I)	地域(J)	均值差(I – J)	标准误	显著性	95%置信区间	
						下限	上限
汉语– 听	老达保	唐胜老寨	−0.225	0.367	1.000	−1.12	0.67
		班利村	0.800	0.367	0.094	−0.09	1.69
	唐胜老寨	老达保	0.225	0.367	1.000	−0.67	1.12
		班利村	1.025*	0.367	0.018*	0.13	1.92
拉祜语–读	老达保	唐胜老寨	0.325	0.285	0.768	−0.37	1.02
		班利村	−0.375	0.285	0.571	−1.07	0.32
	唐胜老寨	老达保	−0.325	0.285	0.768	−1.02	0.37
		班利村	−0.700*	0.285	0.046*	−1.39	−0.01
拉祜语–写	老达保	唐胜老寨	0.375	0.273	0.515	−0.29	1.04
		班利村	−0.325	0.273	0.707	−0.99	0.34
	唐胜老寨	老达保	−0.375	0.273	0.515	−1.04	0.29
		班利村	−0.700*	0.273	0.035*	−1.36	−0.04

注:表格数据使用 SPSS 单因素 ANOVA 多重检验方法得到。
* 在 0.05 水平(双侧)上显著相关。

统计数据显示:

1. 唐胜老寨、班利村被试者的汉语普通话听的能力通过 ANOVA 多重检验的 Sig 值为 0.18,二者在 95% 的置信水平上存在显著差异,不同地域的被试者普通话听的能力有明显差异。表7-2的数据统计也可以看出,唐胜老寨的汉语普通话整体水平高于班利村。SPSS 结果显示:离县城近的唐胜老寨的居民汉语听的能力与离县城较远的班利村差异显著。唐胜老寨离县政府所在地很近,与汉族及其他民族居民接触相对较多,文化教育及经济条件也比山区的村寨好,居民家中装有无线电视,有更多接触汉语的机会,大部分的居民都能听懂汉语。相对偏远的班利村交通不便、相对闭塞,村民很少去外地,接触汉语的机会少,对汉语需求有限,汉语能力整体水平较低。老达保虽然离县城较远,也处在半山区,由于近年大力发展旅游文化产业,村民们与外界接触多,大部分居民都能听懂汉语,特别是青少年中不会汉语的人越来越少。

2. 唐胜老寨和班利村的拉祜语读的能力通过 ANOVA 多重检验的 Sig 值为 0.46,二者在 95% 的置信水平上存在显著差异;唐胜老寨和班利村的拉祜语写的能力通过 ANOVA 多重检验的 Sig 值为 0.35,二者在 95% 的置信水平上存在显著差异。被试者对拉祜文的读写差异主要来自宗教的影响,这里的拉祜文指的是传教士文字,即老拉祜文。东回乡班利村是澜沧拉祜族地区基督教信徒较为集中的一个地方。据调查,整个东回乡有 9 座教堂,基督教徒 1 271 人,其中班利村村委会管辖区就有教堂 5 座,信徒 1 085 人[①],班利村的部分居民,通过参加礼拜,读老拉祜文记载的《新约圣经》学会了拉祜文。除了班利村,老达保村也有部分群众会老拉祜文,如党的十八大代表李娜倮的母亲还有用老拉祜文记账的习惯,据她介绍老达保像她这样的人不太多,但因为"记着方便,比汉字容易写"也就习惯了。唐胜老寨中少数的中老年人曾经参加过县里的拉祜文扫盲教育,使用的是拉祜族文字试行方案文字,也就

① 数据来源于云南省澜沧拉祜族自治县民宗局内部资料。

是新拉祜文,但由于长期不使用,基本已经不熟悉了。

（四）性别与拉祜语的读、写能力有显著相关性

表 7–6　不同性别之间的语言能力差异分析结果（N = 120）

性　别		方差 Levene 检验		均值方程的 t 检验			
		F	Sig.	t	df	Sig.	均值差值
拉祜语–读	方差相等	16.391	0.000	−2.221	118	0.028*	−0.517
	方差不等			−2.221	109.281	0.028*	−0.517
拉祜语–写	方差相等	17.222	0.000	−2.240	118	0.027*	−0.500
	方差不等			−2.240	108.563	0.027*	−0.500

注：表格数据使用 SPSS 独立样本 t 检验方法得到。
＊在 0.05 置信水平上显著差异。

统计数据显示：男性和女性的拉祜文的阅读能力在对应的 t 检验 Sig 值分为 0.028,在 0.05 水平上有显著差异;男性和女性拉祜文的书写能力在对应的 t 检验 Sig 值分为 0.027,在 0.05 水平上有显著差异。且男性和女性拉祜语阅读的能力均值分别为 0.43 和 0.95;男性和女性拉祜语的书写能力均值分别为 0.38 和 0.88。综合数据分析：女性对拉祜文的读写能力明显高于男性。根据中国社科院 2010 年发布的数据显示：我国女性基督教徒明显多于男性。在基督教徒中,女性占 69.9%,男性占 30.1%[1]。在澜沧拉祜族自治县所调研的三个村寨,女性基督教徒也明显多于男性基督教徒,这也是女性对文字的掌握程度高于男性的主要原因。

_____

① 数据来源：http://www.china.com.cn/news/local/2010-08/11/content_20687175.htm。

（五）汉语能力、拉祜语读写能力均与部分语言态度之间有显著相关性

表 7 - 7　拉祜语能力与语言态度的相关性分析结果（N=120）

		普通话-听	普通话-说	普通话-读	普通话-写	拉祜语-读	拉祜语-写
希望学会普通话	Pearson 相关性	0.209*	0.228*	0.214*	0.196*	0.039	0.037
	显著性（双侧）	0.022	0.012	0.019	0.032	0.673	0.689
普通话的重要性	Pearson 相关性	0.156	0.201*	0.243**	0.226*	0.030	0.043
	显著性（双侧）	0.089	0.028	0.007	0.013	0.749	0.639
孩子不会说拉祜语	Pearson 相关性	0.023	0.035	0.040	0.029	−0.218*	−0.216*
	显著性（双侧）	0.803	0.704	0.662	0.755	0.017	0.018
情感态度-拉祜语	Pearson 相关性	0.012	0.034	0.040	0.043	0.245**	0.223*
	显著性（双侧）	0.897	0.709	0.667	0.640	0.007	0.014
普通话-发展前景	Pearson 相关性	−0.018	0.061	0.221*	0.186*	0.041	0.012
	显著性（双侧）	0.842	0.508	0.015	0.042	0.657	0.899

注：表格数据使用 SPSS 双变量相关性分析中的 Pearson 双侧显著性检验方法得到。

*在 0.05 水平（双侧）上显著相关。**在 0.01 水平（双侧）上显著相关。

统计数据显示：

1. 拉祜语读的能力与"对拉祜语的情感态度"在 0.01 水平上存在显著的相关性,但相关性系数为 0.245,属于弱相关;拉祜语写的能力与"情感态度-拉祜语"在 0.05 水平上存在显著的相关性,但相关性系数为 0.223,属于弱相关。表明拉祜族被试者的拉祜语能力越强,对拉祜语的情感越深厚。

2. 汉语普通话的听说读写能力与"希望学会说汉语普通话"的态度在 0.05 水平(双侧)上存在显著的正相关,表明被试者的汉语普通话能力与学汉语普通话的意愿程度成正比,意愿越强烈,汉语能力越强。汉语普通话的说与写能力与"汉语普通话的重要性"的态度在 0.05 水平(双侧)上存在显著的正相关;汉语普通话读的能力与"希望学会说汉语普通话"的态度在 0.01 水平(双侧)上存在显著的正相关。表明被试者对汉语普通话的态度会影响到汉语普通话的能力,被试者对汉语普通话重要性的认识越深刻其汉语普通话水平越高。

（六）拉祜语的听说能力与所分析的因素之间没有显著相关性

拉祜语的听说能力在 SPSS 分析结果中显示与所分析的因素之间没有显著相关性,这个结论不代表拉祜语的听说能力与任何因素无关。分析产生数据上的无相关性的结果是因为聚居区居民拉祜语的听说水平都很高,且全民稳定使用,没有明显的个体差异。拉祜族居民的听说能力 99.80% 达到"熟练"程度,且代际之间得到良好传承,可以从以下方面探求原因:

1. 个体母语保持:拉祜族群众对拉祜语具有深厚的、特殊的感情,在调查过程中,当地群众经常说"不会说拉祜语不是拉祜人"。根据调查问卷的数据显示有 92.68% 的人最先学会的是拉祜语,然后才是汉语。母语通过家庭教育习得,之后便在家庭和社会生活中频繁使用,是拉祜族思考和交际的重要工具,在交际中发挥着重要的作用。

2. 家庭母语保持：家庭是母语传承的重要途径。调研点的95.00%的家庭在内部交流时使用的是拉祜语。拉祜族群众从情感角度也普遍认为家庭成员之间使用母语会更亲切一些。拉祜族人特别是老一辈都比较认同族内通婚，认为风俗、文化、语言相同，有利于家庭的稳定，所调查的三个村寨族内婚姻的占96.71%，拉祜族长期的族内婚姻为主也有利于母语的传承。

3. 社区母语保持：澜沧县是拉祜族自治县，拉祜族人口占优势，且呈聚居分布状态，县内拉祜族文化保持良好，这些是母语稳定使用的坚实基础。且拉祜族相对聚居的村寨是一个相对稳定的语言社区，这是拉祜语得以稳定保持的重要原因。所调查的三个村寨的村民在家庭外部语言使用中，基本使用本民族语言，包括与本民族的人见面打招呼、聊天、生产劳动、问路、集市买卖等日常生活场合，只有与外族人交流时会使用到汉语。在聚居区内，拉祜语使用者越多、使用领域越广泛，语言就越稳定，使用者就越有信心，就越有利于拉祜语交际功能的延续。

4. 国家政策对民族语言的保护：语言政策是语言代际传承的根本，宽松的区域自治制度及对少数民族语言文字使用权的保护是拉祜族聚居区民族语保持良好的重要保障。我国重视少数民族语言文字，形成了以《中华人民共和国宪法》及《中华人民共和国民族区域自治法》为核心的少数民族语言文字权利的法律保障系统，对少数民族语言文字在行政、立法、司法、教育等领域的使用都作了明确的规定。其次，自治区根据地域特征制定自治条例，澜沧拉祜族自治县有《云南省澜沧拉祜族自治县自治条例》，条例对教育、双语、法律文书等方面对语言文字有专门的规定。2013年5月，《云南省少数民族语言文字工作条例》颁布，对未来云南省少数民族语言的保护发展也有着重要的意义。国家从政策导向上，不但坚持各民族都有使用和发展自己的语言文字的自由,还在公共教育、行政、社会用字等领域中积极使用少数民族语言,属于促进性的制度保障,尊重了少数民族自治区域民族群体的自治权和语言权。

（七）结论

少数民族聚居区是民族语言文字保持的重要阵地,同时也是当前汉语普通话推广的重点区域。本研究的调研数据及分析得出:拉祜族人对拉祜语有着深厚的、天然的、发自内心的民族情感,母语能力强且代际传承较好,在较长一段时间内不会出现濒危的境况;拉祜族聚居区居民对汉语学习的态度积极,越来越多的民族群众意识到只有突破语言的障碍才能扩大自己的生存空间,民族经济文化才能得到更大的发展空间。年龄、教育程度、性别、地域以及语言态度与汉语语言能力之间有显著相关性;性别、语言态度与拉祜语的读写能力之间有显著相关性;拉祜语的听说能力之间无显著相关性,影响语言能力的相关性因素值得关注。拉祜族聚居区因年龄、教育程度及地域原因形成的普通话能力之间的差异,是普通话在推广过程中出现的普遍性情况,目前拉祜族居民特别是中青年对汉语的交际价值和社会价值有着高度的认同,汉语水平正在逐步地提高。

各民族语言文字都是国家宝贵文化资源,国家在推广普通话的同时,也鼓励少数民族发展自己民族的语言文字。民族语言代表民族的基本特征,是维系民族认同感的媒介,是民族文化最重要的载体;汉语普通话是重要的族际交际语,在少数民族聚居区内发挥着越来越重要的作用。多语能力是国民语言能力的重要体现,国家推广汉语普通话是提高少数民族居民语言能力的重要体现,时任教育部语信司司长张浩明在《加强语言规划　提升语言能力》的讲话中指出:“多语能力是不同民族、不同地域、不同国家交往的产物,是经济社会发展的必然要求,也是促进文化繁荣、保护民族文化多样性、构建和谐语言生活的需要。"①每一种少数民族语言都是国家的重要资源,坚持科学的语言文字观,必然能让我国各民族语言文化交相辉映,焕发出蓬勃的生机和活力!

二、影响蒙古族聚居区语言能力相关性因素分析

(一)受教育程度与汉语听、说、读、写能力,蒙古语读、写能力之间存在显著相关性

表 7 - 8　受教育程度与语言能力的相关性分析结果(N=65)

		汉语-听	汉语-说	汉语-读	汉语-写	蒙古语-读	蒙古语-写
教育程度	Pearson相关性	0.358**	0.391**	0.580**	0.594**	0.415**	0.402**
	显著性(双侧)	0.003	0.001	0.000	0.000	0.001	0.001

注:表格数据使用 SPSS 双变量相关性分析中的 Pearson 双侧显著性检验方法得到。
＊＊在0.01 水平(双侧)上显著相关。

1. 教育程度与普通话的听、说、读、写能力均在 0.01 水平(双侧)上存在显著的正相关,表明被试者受教育程度越高,其普通话能力越强。从相关性数据显示,普通话的听说读写能力与教育程度之间也存在一定的递进关系,相关性由强到弱为:写>读>说>听。与拉祜族居民相同,蒙古族居民对汉语的学习主要是通过学校教育,因此受教育程度是影响居民汉语能力的首要因素。

2. 教育程度与蒙古语的读写之间存在显著相关性。表明在所调研区域的蒙古族学校教育中,蒙古文的教学是其重要内容之一,

① 张浩明《加强语言规划　提升语言能力》,《世界教育信息》2014 年第 18 期。

同时教学取得了良好的效果。受教育程度仅对蒙古语的读写具有明显的影响,与其听说能力未呈现明显的相关性,表明蒙古语的听说能力的培养主要来自家庭教育,受教育程度的提高对其未造成影响。

3. 受教育程度与汉语、蒙古语能力均呈现显著的相关性,表明新巴尔虎右旗蒙古族聚居区的双语教育开展良好。学校教育为蒙古族居民提供了汉语、蒙古语两种语言的学习环境,蒙古族学生通过双语教育良好掌握蒙汉双语。

（二）蒙古语能力、汉语能力均与部分语言态度之间有显著相关性

1. 对母语的语言态度与蒙古语书写能力之间存在显著相关性

表7-9　对母语的语言态度与蒙古语书写能力的
相关性分析结果(N=65)

		回家不说蒙古语	愿意掌握蒙古文	蒙古语期望	蒙古文期望
蒙古语-写	Pearson 相关性	0.313*	0.588**	0.441**	0.477**
	显著性（双侧）	0.011	0.000	0.000	0.000

注：表格数据使用 SPSS 双变量相关性分析中的 Pearson 双侧显著性检验方法得到。
*在 0.05 水平(双侧)上显著相关。　**在 0.01 水平(双侧)上显著相关。

1. 蒙古语-写的能力与"回家不说蒙古语的态度"在 0.05 水平上存在显著的相关性,但相关性系数为 0.313,属于弱相关,表明被试者对孩子回家不说蒙古语的反感态度对蒙古语能力的影响主要体现在听、说方面,对蒙古文书写能力也存在积极影响,但影响力较弱。

2. 蒙古语-写的能力与"是否愿意掌握蒙古文"在 0.05 水平上存在显著的相关性,相关性系数为 0.588,属于强相关。表明蒙古

族被试者掌握蒙古文拼写方法的意愿越强,其蒙古文书写能力越强。表明蒙古文书写能力与被试者的情感意愿具有直接的、显著的关系。

3. 蒙古语书写能力与"对蒙古语发展的期望""对蒙古文发展的期望"在 0.05 水平(双侧)上存在显著的正相关,表明被试者的蒙古语书写能力与其对母语发展的期望程度成正比,越是对母语情感深厚、希望蒙古语有更大发展的被试者其蒙古语书写能力越强;反之,那些具有较强蒙古语书写能力、能够较好书写蒙古语的被试者,随着其熟练程度和了解程度的提高,对母语情感也逐步加深,越是希望自己的母语能有更好的、更大的发展前景。

2. 对汉语的语言态度与汉语听说能力之间存在显著相关性

表 7-10

		普通话-听	普通话-说
普通话用处	Pearson 相关性	0.286*	0.320**
	显著性(双侧)	0.021	0.009

注: 表格数据使用 SPSS 双变量相关性分析中的 Pearson 双侧显著性检验方法得到。

*在 0.05 水平(双侧)上显著相关。**在 0.01 水平(双侧)上显著相关。

被试者对汉语普通话的用处的态度与"汉语普通话的听"的能力在 0.05 水平(双侧)上存在显著的正相关,与"汉语普通话的说"能力在 0.01 水平(双侧)上存在显著的正相关。被试者对汉语普通话的用处的看法对汉语普通话能力的影响具有显著效果,越是认为汉语普通话用处大的被试者,其汉语普通话的听、说能力越强,其中说的能力>听的能力,表明被试者对汉语普通话用处的判断对其说的能力起到直接作用,越是认为汉语普通话重要的被试者往往在越多的场合使用汉语普通话进行交流。

（三）蒙古语读、写能力与汉语听、说、读、写能力之间有显著相关性

表 7－11

		普通话-听	普通话-说	普通话-读	普通话-写
蒙古语读	Pearson 相关性	0.254*	0.207	0.293*	0.297*
	显著性（双侧）	0.041	0.099	0.018	0.016
蒙古语写	Pearson 相关性	0.254*	0.247*	0.310**	0.336*
	显著性（双侧）	0.041	0.047	0.012	0.006

注：表格数据使用 SPSS 双变量相关性分析中的 Pearson 双侧显著性检验方法得到。

*在 0.05 水平（双侧）上显著相关。**在 0.01 水平（双侧）上显著相关。

1. 蒙古语读的能力与"普通话-听的能力""普通话-读的能力""普通话-写的能力"均在 0.05 水平（双侧）上存在显著的正相关,其中写>读>听,表明被试者母语的阅读水平对作为第二语言的汉语普通话的听、读、写能力具有直接影响,其中对书写能力影响最大,阅读第二,听力最小,被试者的语言能力往往具有一致性,具有较强母语能力的人往往在第二语言能力上也有较好的表现。

2. 蒙古语写的能力与汉语"普通话-听""普通话-说""普通话-读"的能力在 0.05 水平（双侧）上呈现显著正相关,与"普通话-写"的能力在 0.01 水平（双侧）上呈现显著正相关。表明蒙古语的书写能力与汉语普通话的书写能力具有高度一致性,蒙古语书写能力较强、能够熟练书写蒙古语文字的被试者其汉语普通话的书写能力也越强。蒙古语书写能力与汉语普通话的读、听、说能力也具有较强的影响关系,强度依次为读>听>说,表明母语书写

能力对第二语言的影响首先表现在写的能力上，其次为读的能力、听的能力、说的能力。

3. 以上表明蒙古族被试者的母语读、写能力对第二语言汉语普通话的听、说、读、写能力存在不同程度的影响，其中以对汉语普通话读、写能力的影响最为直接、明显、强烈，对汉语普通话的听说能力影响较弱。表明被试者语言能力具有高度的一致性，提高其汉语普通话水平对于个体来说具有差异，那些母语掌握程度较好的被试者往往更容易掌握汉语普通话，因此提高汉语普通话的水平除了大力加强汉语普通话的教学，加强对听说读写能力的训练之外，也要注重对其母语能力的培养和提高。

（四）蒙古语的听说能力与所分析的因素之间没有显著相关性

与拉祜语一致，蒙古语的听说能力在 SPSS 分析结果中显示与所分析的因素之间没有显著相关性。分析产生数据上的无相关性的结果是因为蒙古族聚居区居民蒙古语的熟练水平都很高，且全民稳定使用，没有明显的个体差异。从个体到家庭，从社区生活到学校教育，蒙古语深深渗透在蒙古族的血液之中，社会生活的各个角落都在频繁地使用着蒙古语。测试结果显示，能够完全听懂蒙古语的被试者占总数的 96.92%，而能够完全熟练使用蒙古语交流的占总数的 98.46%。

三、成因分析

（一）少数民族聚居区稳定使用民族语原因分析

1. 族群聚居是民族语稳定使用的客观因素

民族群体高度聚居分布有利于母语的保护、传承。我们调查的拉祜族、蒙古族少数民族聚居区，主要少数民族人口所占的比例均在 90% 以上，人们日常生活中使用民族语就能满足交际的需要，大家也都习惯使用自己的民族语，在大多数人的交际圈子没有使用其他语言的必要性。在对家庭内部语言使用情况进行调查时，我们会发现，绝大多数的家庭会以民族语作为唯一的交际工具。在拉祜族聚居区收集的 120 份调查问卷中，只有一个家庭使用当地汉语进行交流，其他 119 个家庭成员在与上一辈交流、同辈交流、下一辈交流中均使用拉祜语，只有在与外族人进行交流时才会使用到当地汉语或是汉语普通话。

族群的聚居使得族内的居民对母语更有一种特殊的情感。语言不仅是族群的重要标志，它还有对内认同、对外分界的功能。民族认同和分界是依靠民族语识别的，少数民族同胞对民族语具有深厚的感情，对母语认同感很强。本次调查中，拉祜族和蒙古族同胞表现出强烈的民族认同感，他们中不论是大人还是小孩，不论是牧民还是各地区的工作人员，都明确表示愿意说本族语言，对说自己的母语感到亲切、自然。在实际的语言行为中也表现出使用母语的场合多于其他语言。少数民族聚居区是少数民族语言使用的重要场合，因此成了民族语言传承的重要阵地。

2. 长期的族内婚姻是民族语稳定使用的重要条件

族群聚居，不仅创造了稳定使用母语的语言生态环境，而且还提供了族内通婚的机会。少数民族特别是其中的老一辈他们认为族内通婚，风俗、文化、语言相同，有利于家庭的稳定。

在调查问卷中设置了居民对待与族外婚姻态度的问题。

拉祜族：您愿意与外族人通婚吗？

A. 愿意   B. 无所谓   C. 不愿意   D. 拒绝回答

选择 A 的有 41 人，选择 B 的有 30 人，选择 C 的 38 人，选择 D 的 11 人。目前，在所调查的拉祜族聚居村寨族外通婚的现象不是很多，但从调查结果看来，如今很多拉祜族人并不排斥族外通婚，但也有部分人是持明确的反对态度。从选择的年龄段来看，持"愿意"和"无所谓"态度的以年轻人居多,而选择"不愿意"的以已婚的中老年人居多,"拒绝回答"的对象一般在 14 岁以下正在接受义务教育的群体,对婚姻还未有过多考虑。

蒙古族:您愿意与外族人通婚吗?
A. 愿意　B. 无所谓　C. 不愿意　D. 拒绝回答

选择 A 的有 9 人,选择 B 的有 36 人,选择 C 的 3 人,选择 D 的 17 人。所调研的蒙古族聚居区的 65 个家庭中,有 5 个家庭属于族外通婚性质,目前的族外婚姻现象较少。大部分居民对族外婚姻持"愿意"或"无所谓"的态度。持"不愿意"态度的,例如居住在呼伦贝尔市右旗阿拉坦额莫勒镇东庙嘎查的海梅,出生于 1942年,她的丈夫是蒙古族,她的孩子们的婚姻对象也都是蒙古族,孙子辈已婚的对象也都是蒙古族,属于在观念上比较保守的蒙古族家庭。

婚姻关系对语言的使用有着重大的影响,从语言维持的角度看,族内通婚有利于母语传承和后代母语能力的形成。孩子出生后,最早接触的是家庭语言,族内婚姻有利于母语的传授和稳定使用。在拉祜族三个被调查的村寨中有少量的族外婚姻现象,这些家庭的外族媳妇、女婿有傣族、哈尼族、佤族还有汉族,这些非拉祜族成员,受周围拉祜语语言环境的影响,在当地生活三五年左右就都能听懂拉祜语了,大部分的人已经能流利地说拉祜语了。从这样的现象来看,少部分的通婚现象,不会对民族语言保持的稳定性带来明显的影响。但如果大量族外婚姻的出现,必然会对语言环境带来大的冲击力,语言使用格局也会受到比较大的改变。

3. 语言文字政策是民族语言稳定使用的有力保障

近年来,我国制定了对少数民族语言文字相关政策法规,为少数民族在区域自治、传统文化保持民族群体凝聚力等方面提供了明确的依据,如《中华人民共和国国家通用语言文字法》《少数民族事业"十二五"规划》《少数民族特色村寨保护与发展规划纲要》,以及地方性的语言文字条例,如《云南省少数民族语言文字工作条例》和《内蒙古自治区蒙古语言文字工作条例》。在中央和省市颁布执行的法规条例之下,少数民族聚居的区县政府为了具体规范指导少数民族语言文字和汉语汉字的使用,还颁发了详细具体的指导文件。

这些语言文字相关政策法规作为少数民族语言文字保护的有力保障,为少数民族聚居区民族语言文字的长期稳定使用起到了很大作用。如《内蒙古自治区蒙古语言文字工作条例》中明确规定"各级人民政府应当保障蒙古族公民学习、使用、研究和发展蒙古语言文字的权利,鼓励各族公民学习、使用、研究蒙古语言文字""各级人民政府应当优先发展、重点扶持以蒙古语言文字授课为主的各级各类教育,培养兼通蒙汉两种语言文字的各类专业人才""各广播、电视、电影机构应当加强蒙古语演职人员队伍建设,编播和制作满足公众需求、内容丰富的蒙古语节目和影视作品,增加播放时间和次数""各级人民政府应当扶持蒙古语言文字教材、课外读物、音像制品、蒙古文报纸杂志的出版发行工作和蒙古语言文字网站的建设",从各层面保障蒙古文的学习和使用。

(二)少数民族聚居区汉语水平偏低的原因分析

一个民族在社会发展的不同时期,对语言的需求是有关系的,社会发展越快,对国家通用语、国际通用语的要求越明显。新中国成立以来,随着国家和政府对少数民族地区的关注,少数民族聚居区的生活状况得到了不断的改善,生活经济方面也相对来说越来越发达,民俗村、民俗乡等旅游项目的开发给聚居区的居民带来经济收入的同时,也增加了对国家通用语的需求。交通状况的不断改善、媒体的传播、手机的普及,少数民族聚居区的居民对汉语言文字的需求越来越明确,实际需求促进了聚居区居民对国家通用语言文字的学习热情。

　　少数民族地区义务教育的实行是聚居区居民熟练使用汉语的切实保障。1986 年 10 月 29 日云南省第六届人民代表大会常务委员会第二十四次会议通过《云南省实施〈中华人民共和国义务教育法〉办法》,1992 年 11 月 25 日、1997 年 12 月 3 日、2010 年 5 月 28 日三次修正,对国家通用语言文字的教学做出了明确的规定:"学校应当推广、使用全国通用的普通话和规范的文字。"1988 年 9 月 15 日内蒙古自治区第七届人民代表大会常务委员会第二次会议通过《内蒙古自治区实施〈中华人民共和国义务教育法〉办法》,2010 年 3 月 25 日内蒙古自治区第十一届人民代表大会常务委员会第十三次会议修正,也规定了"学校应当推广使用全国通用的普通话"。2012 年 5 月 30 日内蒙古自治区第十一届人民代表大会常务委员会第二十九次会议修订后规定:"以蒙古语或者其他少数民族语言文字授课的民族学校,在开好本民族语言文字课程的基础上,应当按照课程计划开设汉语和外国语课程。以汉语言文字授课为主的民族学校,应当加授本民族语言文字或者开设本民族语言会话课程。"从问卷调查中可以看出学校教育是汉语普通话的学习的主要途径,义务教育的保障使得近年来居民的教育水平增长明显,也使得受教育者的汉语的听说读写能力不断增强。

　　我国各级政府自新中国建立后,就开始制定鼓励少数民族群众学习汉语普通话的相关政策,到 20 世纪 80 年代,大力"推行"汉语普通话,在汉语普通话得到一定的普及之后,开始"推广"汉语普通话。从全国的整体的情况来看,国家通用语言——汉语普通话得到了很大的提高,汉语普通话已经成为国家的各民族同胞之间、各地域居民之间进行沟通和交流的重要工具。但从我们调查的两个民族聚居区的几个调查点的汉语情况来看,蒙古族聚居区对汉语的熟练程度稍高于拉祜族聚居区,但整体来看能熟练使用汉语的居民所占比例不高。特别是对汉字的使用和书写能力还较低,以拉祜族为例,能熟练阅读汉语文章的拉祜族仅占 19.17%,能熟练书写汉字的仅占被试者的 13.33%。通过对调查问卷的数据统计,并结合入户调查、深度访谈的一些材料,总结出少数民族聚居区汉语兼用水平偏低主要有以下几个原因:

1. 教育水平偏低,是汉语水平偏低的一个重要原因

随着国家义务教育的普及,少数民族地区的居民越来越多地成为民族语和通用语兼用的双语人。学校教育是各族人民接触通用语言文字,获得语言文字能力的重要方式,是民族地区群众学习汉语普通话的主要途径。以下是调查问卷的相关结果:

拉祜族:您通过什么样的途径学会汉语普通话?

A. 家人影响　B. 学校学习　C. 社会交往　D. 其他

在被调查人(会说汉语的居民)中,选择 A 的有 1 人,选择 B 的有 53 人,选择 C 的 9 人,选择 D 的 10 人。还有一部分被调查者因汉语水平较低或者不会汉语以及其他原因,无法对这个问题做出明确回答。

蒙古族:您通过什么样的途径学会汉语普通话?

A. 家人影响　B. 学校学习　C. 社会交往　D. 其他

在被调查人(会说汉语的居民)中,选择 A 的有 7 人,选择 B 的有 43 人,选择 C 的 9 人,选择 D 的 8 人。

从调查结果显示,在当前已学会汉语的拉祜族居民、蒙古族居民中,学校教育是他们学会汉语特别是汉语普通话的一个重要途径,其次才是社会交往或是家庭影响。从对两个民族聚居区的汉语语言能力进行统计比较可以发现,蒙古族聚居区居民的汉语能力高于拉祜族聚居区居民的汉语能力,其中蒙古族聚居区居民的

受教育程度普遍高于拉祜族聚居区居民是一个重要原因。在调查的过程中也会发现，一些经过了初中或者是高中教育的拉祜族人在说汉语时会更自信，他们认为老师教的汉语更标准。我们在寻找民族语、汉语双语人辅助我们调查时，一些居民在推荐的过程中总是强调地说上一句"他读过好几年书"，充分表明聚居区居民对学校汉语教育的肯定和信任。

从调查数据的 SPSS 统计分析来看，受教育程度与汉语的听说读写能力之间的相关性强。国家普及九年制义务教育对青少年一代汉语普通话的学习产生了重要的影响，但在实际的社会生活中，由于文化差异、经济贫困、交通闭塞等问题，少数民族聚居区的教育事业发展还存在一些问题，实际上存在一些居民并没有接受完九年的教育就辍学的现象，当这部分居民外出打工与外族人接触，可能已有的汉语水平能保持或是逐渐提高；但一部分仅在家乡从事农耕生活，较少与外界接触的居民，在学校所接受的汉语言学习在生活中得不到巩固和使用，能力会逐渐降低。以拉祜族聚居区为例，在所调查的拉祜族的三个寨子里，一部分人参与过澜沧县组织的汉语脱盲教育，学习汉语以及其他科学知识，但是脱盲之后回到寨子里没有说汉语的环境，加上没有继续学习又把汉语完全忘记了。从总体数据来看，拉祜族的文化程度整体偏低，文盲比例大，外出打工的人数也少。由于这些原因接触到汉语的机会少，汉语水平也就很难提高。

经调查统计，文化程度越高，汉语熟练程度的比率越高；文化程度越低，汉语熟练程度的比率越低。以拉祜族聚居区入户调查的数据为例，受教育程度是高中或者是中专文化程度的拉祜人汉语熟练水平达到100％，受教育程度为初中文化水平的拉祜人的汉语熟练水平达到了72.6％，而小学文化程度的拉祜人汉语熟练水平仅有42％，充分说明了受教育程度与汉语水平的正相关。就拉祜族聚居区的整体情况来看,勐朗镇唐胜村唐胜老寨村,高中毕业3人,酒井乡勐根村老达保村高中毕业1人,中专毕业1人;东回乡班利村高中毕业10人,中专毕业2人,而大部分的村民以初中或者是小学文化程度为主。

在谈到接受教育问题的时候,部分拉祜族人认为读书没有很多用。澜沧县民宗局的同志告诉我们,近年来由于竞争激烈,一些拉祜族的学生中专、大专或者是本科毕业以后找不到工作,甚至是研究生毕业工作也不理想,也降低了学生学习的积极性。

2. 高度聚居的拉祜族村寨,不利于少数民族族人学习和使用汉语

语言环境对语言的学习和使用影响较大,民族群体高度聚居分布有利于母语的保护、传承,但也不利于拉祜族聚居区居民学习其他语言,包括国家通用语言——汉语普通话。从地理环境来看,澜沧县境内多属于山区、半山区,公路状况整体不佳,交通不便使得所调研的几个村寨处于一个相对闭塞的环境。人们的出行少,与其他民族之间的交流相对也少。内蒙古聚居区的两个调研点,一个属于传统的苏木,典型的游牧居住形式,各个家庭之间相隔较远,因此每个家庭都是一个小型的封闭语言环境,以传统蒙古族为主的家庭平时还是以蒙古语为主。

调查组对拉祜族、蒙古族的家庭内部语言使用情况、家庭外部语言使用情况进行了调查和问卷数据统计。拉祜族聚居区居民与家庭成员以外的人在进行交流时,大部分人在与本民族的人见面打招呼、聊天、生产劳动、问路、集市买卖等场合只用拉祜语;部分经常看电视和新闻的人在讨论问题时,大部分时候用拉祜语,当拉祜语中没有相对应的词汇时会调用汉语的词汇进行表述。村里开会时一般也都用拉祜语,用汉语念的时候大家印象都不深刻,没有拉祜语效果好。在婚嫁丧葬、宗教仪式上用的

都是拉祜语。在既有本族人又有外族的人的情况下,会汉语的人普遍会用双语,有时候说汉语有时候说拉祜语;不会说汉语的人表示他们还是会说拉祜语或者不说话。还有一部分被调查者很少外出也很少与外族人交流,提到有外族人在的场合,他们会说没有经历过。在拉祜族聚居的村寨环境中,拉祜语能满足一般的交际需要,人们在日常生活中没有使用别的语言的必要性,所以学习其他语言的兴趣并不是很高。虽然他们普遍认为汉语很有用,认为学会了汉语走到哪里都能生活,也表示希望自己的下一代能好好学习汉语。

拉祜族:您觉得说汉语普通话遇到的最主要问题是什么?(多选)

A. 周围的人都不说,说的机会少

B. 受汉语方言影响,不好改口音

C. 受少数民族语言影响,不好改口音

D. 普通话难以与当地人沟通

E. 说普通话怕本地人笑话

F. 其他原因____

G. 没有任何问题

选择 A 的有 72 人,选择 B 的 24 人,选择 C 的 21 人,选择 D 的 1 人,选择 E 的 13 人。

蒙古族:您觉得说汉语普通话遇到的最主要问题是什么?(多选)

A. 周围的人都不说,说的机会少

B. 受汉语方言影响,不好改口音

C. 受少数民族语言影响,不好改口音

D. 普通话难以与当地人沟通

　　E. 说普通话怕本地人笑话

　　F. 其他原因____

　　G. 没有任何问题

　　选择 A 的有 40 人,选择 B 的 10 人,选择 C 的 18 人,选择 D 的 14 人,选择 E 的 10 人。

　　调查结果显示,"周围的人都不说,说的机会少"是少数民族聚居区居民较少选择汉语普通话交流的最主要的问题。语言环境是造成少数民族聚居区居民汉语水平低下的一个重要原因,在当地高度聚居的同民族群体中,母语已经能满足日常的交际需要,且汉语普通话使用的场合较少。

　　3. 少数民族语言与汉语普通话的语言差异较大,给学习带来
　　　一定困难

　　据调查,拉祜族地区非常重视汉语教学,拉祜族小学所实施的双语教学在一、二年级全部采用母语教学,三年级开始引入汉语,用母语对汉语进行解释,逐渐发展到高年级全部使用汉语。因为一开始全部用汉语的教学效果很不好,所以低年级采用双语的形式。部分学生到了小学毕业才勉强地学会了汉语。

　　从拉祜族地区学生学习汉语来看,母语的干扰是造成学习汉语普通话困难的最大原因。在学习的过程中,学习者习惯以自己母语观去看待另一种语言,拉祜族学生难以摆脱拉祜语的思维习惯。从语音上来看,拉祜语的舌尖音只有舌尖前音,而没有普通话里的舌尖后音以及舌面音等,汉语中的舌尖后音成为拉祜族学生学习汉语的一个难点;以及拉祜语的七个声调与汉语的四个声调差别也较大,拉祜族人在说汉语的时候对汉语四声调值常常把握不准。

　　语法上的差异点如:语序的差异。汉语和拉祜语的基本语序

是不同的,拉祜语是主宾谓,汉语是主谓宾。在调查过程中,有的拉祜族人对汉语的印象是:"你们汉族人总是说倒话。""汉语就是倒着说话。"由于基本语序的不同,具体到一些短语上的语序也是有差别的,修饰语和中心语之间的语序、动词和宾语的语序、中心语和补语的语序等等,都有差异。如:量词短语与中心语的结合,语序就不相同。

拉祜语: nv^{53} ni^{53} khɛ^{33}　　　汉语:两头牛

拉祜语: li^{21} ni^{53} dɔ^{33}　　　汉语:两本书

某些语法成分的空缺也是两种语言的重要差别,某一语法范畴或语法结构关系,目的语有而母语没有,这就是空缺[1]。汉语有的介词拉祜语没有,像汉语在"向西走"这样的短语,拉祜族村民就通常会说成"西走",这是由于拉祜语里缺少这一语法格式造成的。同样,拉祜语里的主语助词、宾语助词,动词的使动和自动之分等等,在汉语里是不存在的。在调查中常常会发现有拉祜族人说"慢慢做吃""好好做写"之类的不符合汉语语法规则的话。

正是因为在学习汉语的过程中了解了汉语与拉祜语的差异,一些人因为自己说得不标准不愿意说,我们在调查中用汉语提问,一部分人听懂了汉语但是不愿意用汉语回答,还是用拉祜语回答,然后要翻译员给我们翻译,有的时候翻译员拿捏得不准时,他们便会自己用汉语来回答。问起为什么不直接和我们说汉语时,他们都说自己汉语说得不好,怕人笑话。但他们也表示在一些场合他们还是愿意说的。

4. 少数民族文字的使用领域有限,是读写能力偏低的重要原因

从对少数民族聚居区内的社会用字用语的调查结果可以看

---

[1] 戴庆厦、关辛秋《第二语言习得中的语法"空缺"》,《语言教学与研究》2002 年第 5 期。

出,少数民族文字的使用领域和范围有限。我们从所调研聚居区的景观用字来看,唐胜老寨和阿镇相对来说经济较为发达、地处中心位置,其公共空间中各类语言标牌大都为民族语言和汉语并行,例如:路牌、街牌、广告牌、警示牌、店铺招牌等大部分都做到了双文字化。语言景观本身可以发挥信息功能和象征功能两种功能,一方面可以提供信息,帮助人们了解某个语言群体的地理边界和构成以及该社区内使用语言的特点,另一方面能映射语言地位与社会身份。一个地区的社会用字用语特别是语言景观部分能让语言群体成员对语言价值和地位有一定的理解。两个聚居区在一些政府单位、重要景点、标志性建筑以及一些醒目的公共领域都体现了民族语和汉语并用的"双文字化",充分表明了当地政府部门对少数民族语言文字的重视。

现有的语言景观一定程度上给聚居区的居民带来了对民族语文的自信,但在实际的使用中,民族文字的使用非常有限。例如:通过对少数民族语文政策的调研,可以看出在内蒙古自治区非常重视蒙古文字的学习和使用,颁布了大量的相关文件。但近几年,旗委、政府部门下发的一些文件,并没有按照《蒙古语言文字工作条例》要求,做到"各级国家机关、人民团体的公文应当使用蒙汉两种文字",蒙汉并行非常少,蒙古族聚居区的苏木镇的文件、讲话、宣传单、法律法规绝大多数为汉文,很难看到蒙汉并行。特别是政策性文件,新出台的法律法规没有及时做到蒙汉并行。在新媒体的使用中,例如手机、微博、论坛等使用中,年轻一代明显表现出更愿意使用汉字;在阅读网页的过程中,选择汉语网站的居民远远多于蒙古文网站。拉祜文的使用领域更加有限,在日常的生活中基本用不上新拉祜文,以新拉祜文为主的纸质载体在所调研的拉祜族的聚居区很难见到。对路牌、街牌、广告牌、商店标牌上的拉祜文大部分居民表示并不熟悉,在学校教育中,拉祜文的教育并没有列入必修的课程,仅有部分信奉基督教的居民能使用老拉祜文字。在家庭教育中,基本都是直接把汉字教给下一代。正是因为在实际的使用中,民族文字本身的使用和应用领域有限,汉字可以一定程度上替代民族文字接收所需的信息,少数民族文字的使用率在降低。

第八章　提高少数民族聚居区居民语言文字能力的对策及建议

第一节　我国少数民族聚居区的语言生活特征

一、调研结论

1. 相对封闭的语言环境和群体高度聚居的生存方式使民族聚居区少数民族居民稳定使用民族语,也是当地少数民族居民汉语能力普遍较低的重要原因。

2. 学校教育是掌握汉语和民族文字的重要途径,教育水平偏低是汉语能力及蒙古文使用能力偏低的主要因素。

3. 语言态度与语言水平之间呈显著的正相关。云南省和内蒙古自治区宽松的区域自治环境及和谐的民族关系,是拉祜族及蒙古族人民能保持较为和谐语言状态的可靠保障。

4. 各民族的语言文字在现实使用中很难达到平等,语言如此,文字的使用更是突出。

二、少数民族聚居区语言生活的特征

（一）少数民族聚居区语言关系和谐,民族语与汉语在各自领域中发挥优势

本研究所调研的地区民族语与国家通用语之间语言关系和

谐,掌握双语的居民在语言使用中语码转换自然。云南省和内蒙古自治区宽松的区域自治环境及和谐的民族关系,是拉祜族及蒙古族聚居区能形成和谐语言状态的可靠保障。调研点各民族群众和睦相处,族内语言以本民族语为主,族际语言以汉语为主,语言生活和谐。从所调研聚居区的语言使用情况来看,民族语在家庭、家族和群体内部传递着特殊的情感意义,有着强大的凝聚力;而汉语文在教育、工作、媒体等领域的作用是民族语言难以替代的,民族语和汉语在少数民族聚居区内各司其职,互相补充。

（二）少数民族学习汉语态度积极,"双语"是未来的少数民族聚居区语言格局

　　双语在多民族国家是一种普遍的社会现象,"大杂居、小聚居"的分布局面是我国民族地区双语现象产生和发展的主要因素。马学良先生曾说过:"任何一个民族如若没有一部分人使用双语,起到沟通民族关系,引进外族先进事物和经验,就难以想象这个民族能够顺利发展,特别是现在民族间的来往日益频繁,都离不开交流思想的语言,双语制越来越重要,而多民族共同交际语汉语,就更为重要了。"[1]汉语文的使用领域在不断扩大,成为少数民族与汉族、不同少数民族之间的重要交流工具。现代的少数民族群体通过广播、电视及网络等现代化的方式,了解国家及民族的形势与动态,学习先进科技知识,更离不开汉语文。少数民族聚居区的居民除了依靠自己的母语进行基本交流外,还迫切需要学习和使用汉语文,他们学习汉语的态度积极。戴庆厦先生也认为"我国的国情决定了双语是我国少数民族语言使用的最佳选择。少数民族能成为既懂母语又能兼用汉语的双语人,对他们的发展繁荣、不断适

----

① 马学良《维护母语,发展历史文化》,《贵州民族研究》1998 年第 1 期。

应社会的变化,是一个必不可少的条件"。① 目前,双语能力少数民族语言聚居区有差异,存在客观的发展不平衡性,但聚居区群众对获得"双语"能力的态度非常积极。从国家及地区的民族语文政策和聚居区居民的感情理智态度、行为的倾向性等因素综合来看,"双语"是聚居区语言格局的发展的趋势。

(三)民族文字使用不平衡,"双文"在当前状况下难以在聚居区全面普及

在我国的民族语文政策中,不仅提倡"双语",在许多民族区域也提倡社会用字的"双文字化","双语双文"并行是语言文字发展的理想状态。在党和国家政策的扶持下,少数民族传统文字在新中国成立后的使用范围迅速扩大,覆盖了学校、媒体、行政、司法等领域。但各民族的语言文字在现实使用中难以达到均等,从本研究涉及的三种文字来看,汉字在我国各领域是使用效率最高的文字;蒙古文使用人数多,信息化程度也较高,在现实语言生活中使用领域广泛,所发挥的功能也较大,少数民族群众对文字的社会功能评价也很高;而拉祜语虽有文字但普及率极低,虽提倡使用双语教材,但实际较难进入学校教育,在社会用字中情况也不太乐观,更难在国家政治生活中发挥作用。

目前来看,在有通用的传统文字的少数民族聚居区内(如所调研的蒙古族聚居区)实现"双文"的可能性较大;而新创文字的一些聚居区要进行普及仍然有较大难度。拉祜文在没有形成全民族通用的口头标准语情况下,文字按标准音拼写困难很大,而放宽尺度按各自的方言拼写又极不现实,这些现实的问题导致了文字使用的局限性。拉祜文从创制至今一直处于试用阶段,虽然提倡使用了几十年,但效果不佳,使用人数和使用领域没有

---

① 戴庆厦《中国少数民族的双语现状与对策》,《语言与翻译》2007 年第 3 期。

明显变化,要在拉祜族聚居区实现双文字化的理想状态需要更多的努力。

第二节 对提高少数民族聚居区语言文字能力的建议

2012 年 12 月 4 日,教育部、国家语言文字工作委员会共同发布了《国家中长期语言文字事业改革和发展规划纲要(2012—2020年)》(以下简称《纲要》)。《纲要》提出了语言文字工作的总体目标包括"到 2020 年,普通话在全国范围内基本普及,汉字社会应用的规范化程度进一步提高,汉语拼音更好地发挥作用"以及"科学保护民族语言文字"。汉语普通话的普及在少数民族聚居区也是非常重要的一部分,同时对民族语文的保护也值得重视。

Ofelia Garcia 在 1992 年提出了著名的语言花园理论:

> 如果我们在周游世界时,发现一块块田地,一座座花园都是一模一样的,只生长着一种颜色的花朵,这个世界该有多么的单调和乏味。如果这个世界上只有一种颜色的花朵,又在形状、大小和颜色上没有变化,这个世界又该是多么的沉闷和贫瘠。[1]

我国的语言花园也是如此,正是我国的多民族语言和语言所承载的文化的多样性使其绚丽多彩、赏心悦目。少数民族语言的传承也使得我国少数民族独特的传统文化和历史得以延续弘扬,这种

---

[1] 转引自[英]科林·贝克著,翁燕珩汉译主编《双语与双语教育概论》,中央民族大学出版社,2008 年,第 46 页。

功能是任何非本民族语言都无法取代的。语言花园理论也表明，语言的多样性需要规划和照料。虽然两个聚居区的调研点目前民族语的保持整体状况良好，两个聚居区的居民在家庭语域均稳定使用本民族语言，但随着国家通用语的使用领域逐渐扩大，以及聚居区青少年在母语词汇量下降、转用汉语词汇等问题上有一定的倾向性，在未来的发展中普通话可能会与民族地区的母语形成一定的竞争。在大力推广汉语普通话的同时，应该重视少数民族聚居区文字的使用和发展，树立科学的语言发展观，探索科学的语言传承发展途径特别重要。

一、保持语言的生态环境，使民族语言文字得以自然传承

语言的生态环境，即语言的生存环境，生态语言学者主张从语言与外部环境及其自身环境的交互作用分析研究语言，重视语言与环境的依存关系。人们在不同环境中习得的语言和对语言的态度都是不同的，社会环境对语言的习得和使用有着重要的制约作用。环境对语言的影响，已有学者主要提出三种论断：适者生存论者认为，语言要靠自身的优势生存，只有自身足够强大才能保存下来，应该自由放任；语言保护主义者则更注重语言的现状而不是语言的发展，他们认为语言的任何变化发展都可能损害其生存的机会，他们对任何违反语言规范性的问题都会小心翼翼；环境保护论者认为，应当保持语言的多样性，语言计划必须照顾和爱护少数民族语言，他们更注重外部环境对语言的影响。对少数民族聚居区语言生态环境的保护，既不能陷入语言保护主义的误区，也不能任其自生自灭，应该关注环境对语言的影响，尽量保持或营造适合民族语言传承和发展的语言生态环境。

民族人口的居住形式一定程度上决定了民族语言的传承环境，民族聚居区域相对创造了一个本民族语言文化相对封闭生态

环境,有利于对本民族语言的传承。我国的少数民族聚居区大都处在边远山区或牧区,基本处于一个相对封闭的语言环境。相对于发达城镇,聚居区的语言生态环境在地理位置上有一定优势,加上群体高度聚居的生存方式,是民族聚居区全民稳定使用民族语的重要原因。家庭环境属于语言生态环境的一部分,是母语保持的坚实壁垒,正如费什曼在研究土著语言的保持和复兴时曾指出:"振兴和维持土著语言功能域的最有力、最有效的'药方'仍然是母语的代际传承。"①家庭对母语传承至关重要,家庭域的语言使用对语言保持有着关键的作用。所调研的聚居区家庭内部语言均以本民族语为主,居民能在本民族特有的文化氛围内成长,接受潜移默化的影响,语言代际传承能力较强。其次,族内婚姻是母语传承的一个重要保证,是拉祜族、蒙古族母语在全民中稳定使用的一个重要原因。但随着社会的发展,族际婚姻增多是各民族婚姻制度发展的必然趋势,母语的保存会受到一定的冲击。少数民族聚居区随着未来族际婚姻的增多如何保持本族母语,也是需要解决的一个重要理论问题。语言同自然界的多样性物种一样值得保护,语言生态环境对语言的传承和保持有着重要影响力。

二、树立语言资源观,拓宽民族语言文字的使用领域

语言是宝贵的资源,我国的多民族语言共同构成了丰富多彩的语言世界;语言也是一种交际工具,它的功能价值和存在意义主要通过使用来体现。少数民族语言是少数民族生存、发展的重要交际工具,应该创造条件,鼓励聚居区居民学习和使用本民族语

① [美] 詹姆斯·托尔夫森编,俞玮奇译《语言教育政策:关键问题(第二版)》,外语教学与研究出版社,2014 年。

言,保持本民族语言在一些领域,如家庭、群体内部、民间文学、传统习俗、启蒙教育等具有传统优势的领域中的运用。一种民族语言的使用领域越广,使用者就越多,稳定性就会越强,越有利于其交际功能的延续和发展。文字是记录和表达语言的书面符号系统。使用领域与使用率是少数民族语言传承的重要基础,只有保持和拓宽其使用领域,并提高使用率才有可能让民族语言得到真正的传承。

在实际的语言生活中,语言往往比文字显得更能让人关注。当一种语言在社会使用上处于弱势地位的时候,其文字也必然处于弱势地位,使用范围往往比口头语言更窄①。事实上,文字在时间和空间上扩大了语言的交际职能,也使语言更加精确化、规范化。文字对语言和民族历史文化的保存都有着重要的影响。科林·贝克在对威尔士进行人口普查的数据研究表明:"在存在着双语现象但不具备双语读写能力的地方,语言衰退的可能性会越来越大。如果人们只能讲但不能写一种少数民族语言,这种语言在功能和使用上的数量就会减少。"②在"双语"将成为语言格局的民族聚居区,如果只注重对语言的听说能力,而忽视对语言的读写能力,语言功能终究会衰退。对待新拉祜文一类的新创文字,更需要一种语言资源观念,新创文字是民族语言的表现形式和载体,也是语言资源的重要组成部分,是亟需开发利用的"资源",不能因为推广起来有难度而任其自生自灭。

中国少数民族文字互联网得到了全面的发展,目前少数民族文字互联网络已经覆盖了中国 12 个少数民族的 13 种少数民族文

---

① 道布《语言活力、语言态度与语言政策——少数民族语文问题研究》,《学术探索》2005 年第 6 期。

② [英]科林·贝克著,翁燕珩汉译主编《双语与双语教育概论》,中央民族大学出版社,2008 年,第 61 页。

字,一千多个网站为少数民族群众提供了多种语言、多种类型的信息服务,这些网站在为少数民族群众提供信息服务的同时,也为中国少数民族文字的保护及少数民族文化的传承起了积极推动作用。建议相关部门对那些积极促进民族团结、传承优秀民族文化的少数民族网站予以资金及政策方面的支持,并通过这些网站引导中国少数民族文字互联网络的发展方向,使互联网资源能更好地为少数民族地区的群众服务。

语言属于使用群体,语言群体自身的愿望和态度对语言前景至关重要,要注重聚居区居民的文化自觉和文化自信的培养。记录和保存是对过去语言的一种保护的手段,使活的语言能永久使用下去才是目的,对少数民族语言的保护应该落实到活态语言的发展中来。虽然调研点目前母语保持整体状况良好,但青少年母语词汇量下降而转用汉语词汇有一定的趋势,在未来的发展中很可能会与民族地区的母语形成一定的竞争。因此,聚居区文字的使用和发展也迫切需要重视起来,探索科学发展途径,提高聚居区年轻一代的母语水平特别重要。鼓励本民族语言使用人群的积极投入,民族语的保护和发展工作才有可能顺利开展。

不同民族可以采取不同的方法进行保护和发展,较大语种如蒙古语需进一步做好语言文字规范化、标准化与信息化工作,适应现代科技发展的需要,开发民族语的手机软件、社区网站等。较小语种如拉祜语实现完全的信息化很难,可以通过编纂文化辞典、汉民对照词典等工具书,使用网络建立语音数据库等方式实现信息共享。

三、提高民族语文的经济地位,增强母语人的文化自信

"语言生命力中的关键因素,很可能就是少数民族语言的经济地位。""当一种多数民族语言可以带来更高的社会地位和更

多的政治权力时,也许就会发生向这种多数民族语言转换的情况。"①在民族聚居区的少数民族部分家庭的经济状况不佳,国家通用语文的学习是"为了找到更好的工作",只掌握民族语言常常与失业、贫困联系在一起,民族语文的社会地位往往就会受到负面影响。因缺少民族自尊心与文化自信心,在调研过程中有部分居民在心理上不愿在家庭域之外的场合说民族语言、用民族文字。

所调研的两个少数民族聚居区母语水平普遍较高,汉语能力相对较弱。推行特色民族文化产业,推动经济发展,改善单一的语言环境,增加与外界交流的机会,增强对汉语学习的需求感,是提高汉语水平的驱动力。大力发展民族文化旅游经济,让民族语言和民族文化产生经济效益,从而让少数民族看到本民族语言和本民族文化的价值,并更加热爱和自觉地使用本民族语言,延缓民族语言的衰退期。

澜沧拉祜族自治县的老达保是国内有名的特色村寨,近年来积极发展旅游产业,把经济发展与特色民居保护、民族文化传承、生态环境保护有机结合起来,给当地拉祜族居民带来了经济利益的同时,增进了民族之间的感情,坚定了聚居区居民对民族语言和文化保持的决心。老达保居民的汉语水平近年来有明显提高,拉祜语能力并没有显现出任何下降的趋势,人们对传统的语言文化更为重视,经济一体化与民族语言的保持有时候并不相悖。推行特色民族文化产业,推动经济发展,实现少数民族群众当地就业,使少数民族群众认识到学习本民族语言的客观需要,并提高他们学习和使用本民族语言的积极主动性,是促进民族语言文字传承

---

① [英]科林·贝克著,翁燕珩汉译主编《双语与双语教育概论》,中央民族大学出版社,2008年,第60页。

和发展的关键。

四、关注语言权,制定良好的聚居区语言政策

"我们不需要那种放任某种花卉占据整个花园的自由语言经济,我们需要的是认真的语言规划。"(Rubin,1977;Eastman,1983;Cooper,1989)①在当代经济全球化大潮冲击中,保护和弘扬处于弱势的少数民族语言文字与文化,仅提倡尊重和维护民族语言文字的权利是远远不够的,还应当通过具有约束力的法规和政策保证其在社会各个领域得以真正地体现。语言立法是实现语言权利的保障,明确的语言政策能更好地保持和发展少数民族语言文字。我国的少数民族语言文字政策,重视少数民族的语言权,在推广国家通用语言文字的同时,保障少数民族语言文字的使用和发展。通过立法来保护少数民族语言,设立专门的职能部门监督各项有关方针政策的实施,是科学保护的重要方式。

近年来,针对少数民族语言文字的法律法规不断出台,部分民族自治地方也需要根据语言文字自身的特征制定专门的语言文字条例。从现有的民族语言文字政策来看,内蒙古自治区根据《中华人民共和国宪法》《中华人民共和国民族区域自治法》及国家有关法律法规的规定,依照自治区的语言文字特点,制定了《内蒙古自治区蒙古语言文字工作条例》,自治区内的大部分的自治县条例也有对民族语言文字使用及管理有明确规定,还设立了专门的民族语言奖励政策《内蒙古自治区学习使用蒙古语文奖励办法》,鼓励本民族居民及其他民族居民学习蒙古语。此外,近年来内蒙古自治区部分市、旗还有专门的社会用字管理办法,这些语言文字政策

---

① 转引自[英]科林·贝克著,翁燕珩汉译主编《双语与双语教育概论》,中央民族大学出版社,2008年,第46页。

对民族语言的实际使用有很大的影响,新巴尔虎右旗聚居区的居民对蒙古语文的掌握情况较好,社会用字蒙古文、汉字并用的情况良好,与当地的语文政策的颁布和执行也有着重要的关系。

相对来说,针对澜沧拉祜族自治县的语文政策较少,仅有《云南省澜沧拉祜族自治县自治条例》对拉祜族语言文字在法律文书、诉讼权以及双语教学方面有相关规定,以及 2013 年 5 月颁布的《云南省少数民族语文工作条例》对云南省少数民族语言文字的统一规定。在法律法规层面,没有专门针对拉祜族聚居区的语言文字工作的政策文件。通常,政府部门的官方行为和行政措施有利于民族语文的社会地位的提高,民族语文政策的制定,能更好地保障民族语言文字的传承和发展,也有利于塑造更好的语言生态环境。

社会语言学家特鲁吉尔说:"如果失去对语言文字的认同,失去了驾驭语言文字的能力,实际上也就失去了民族精神母体的滋养,失去了一个民族的精神个性。"①民族语言文字是先民们智慧和文明的结晶,承载着深厚的传统文化,是我们不可或缺的资源,民族语言的传承和发展对于各民族的文化繁荣与和谐相处有着积极的作用。正如 Ofelia Garcia 所说,如果一个园丁想要创造一个美丽的花园,就需要对它进行精心的规划,不断地照料和保护。我们要营造一个和谐美丽的多语言国家,就需要树立语言资源观,重视每一种语言的传承和发展。语言和谐是社会和谐的重要标志,我们应该重视少数民族语言的使用和发展,使母语与国家通用语能够长期共存,相互补足,努力实现母语和通用语的"两全其美,和谐发展"②。

---

① 孙宏开《少数民族语言规划的新情况和新问题》,《语言规划的理论与实践——第四届全国社会语言学学术研讨会论文集》,语文出版社,2006 年。
② 戴庆厦《两全其美,和谐发展——解决少数民族双语问题的最佳模式》,《中央民族大学学报》2011 年第 5 期。

五、重视双语教学,处理好民族语与国家通用语言文字之间的关系

学校教育是汉语及少数民族文字学习的重要途径。双语双文是我国少数民族地区实行的语言政策。在民族聚居区既要发展民族语文又要推广国家通用语言文字,真正实现双语制的任务还有很长的一段路程。双语教师短缺、双语教师质量不高是制约民族聚居区开展双语教育的瓶颈,特别是偏远少数民族聚居地区的双语教师待遇偏低,教师流失现象较为严重,加上工作生活条件相对较差,很难留住人才。加强对偏远少数民族地区小学双语教师的培训,尤其是小学双语教师的在职培训。需要加大政府的投入力度,改善双语教师的待遇,建立对少数民族双语教师的资格认证制度。

从 20 世纪 50 年代开始,澜沧县就开始了少数民族语言文字的收集整理和保护工作,开始了"双语"教育的探索和实践,取得了初步的成效和经验。党的十一届三中全会以后,少数民族语言文字工作获得新生,澜沧拉祜族自治县的"双语"教学得到了持续快速健康发展。截至 2013 年底,澜沧县开展双语教学的有 59 所学校、287 个教学班、8 712 名小学在校生,分别占全县学校数、班级和小学学生总数的 44.36%、32.24% 和 28.09%。有双语教师 289人,其中本科学历 57 人,占双语教师人数的 20%;专科学历 190人,占双语教师人数的 66%;中专高中以下学历 42 人,占双语教师人数的 14%。"双语"教学,符合澜沧拉祜族自治县的实际,深受广大群众的喜爱,取得了巨大的成效。依靠"双语"教学,加快推进了澜沧边疆少数民族地区教育事业的发展,澜沧拉祜族自治县成功扫除了青壮年文盲,实现了国家普及九年义务教育目标,同时加快推进了高中教育、中等职业教育、高等教育的发展,对提高劳

动者素质发挥了巨大的作用。

开展"双语"教学,消除语言障碍,是澜沧县教育教学管理中提高教育教学质量的一个重要手段。民语搭桥汉语铺路,帮助民族学生提高汉语水平。把少数民族聚居区小学低段(一至三年级)作为双语教学的重点,为高段(四至六年级)用汉语教学作过渡准备,要求工作在少数民族聚居地工作的教师主动学习当地民族语言,了解少数民族生活习俗,主动适应学生,帮助学生学说汉语,提高师生课堂内外沟通交流的能力。现有省级拉祜语"双语"教学试点学校 2 所:东回镇班利村小学和竹塘乡大坛子村小学,还有 1 所文东乡芒堆村小学也实行"双语"教学。

从 2002 年开始,云南省教育厅和云南省民语委先后组织彝族、白族、哈尼族、壮族、傣族、苗族、傈僳族、拉祜族、佤族、纳西族、瑶族、藏族、景颇族、独龙族等 14 个少数民族 18 个文种的民族语言专家,以人民教育出版社出版的义务教育课程标准实验室教科书为蓝本,开展民族语文教材的翻译工作,并对所编译的教材逐一审定。充分吸收方言土语的有效成分,在语音、词汇上严格把关。至 2007 年,已翻译、审定、出版 14 个民族的 18 个文种一至三年级语文上、下册和一年级数学上、下册及学期课本共 203 本新课改教材①。

澜沧县及新巴尔虎右旗同是少数民族聚居区,但语言文字情况有差别:民族文字掌握水平不一致,汉语能力有差别,民语教育状况也不同。重视语言国情调查,根据民族地区实情,适度地根据语言使用状况作出决策。语言使用是一个自然的过程,是一个自愿接受循序渐进的历史过程,欲速则不达。民族语的发展和汉语普通话的普及不可急于求成,语言选择上的矛盾或无奈的情绪会

---

① 数据来源于云南省民语委内部资料。截至 2007 年。

降低语言学习的热情。照顾到少数民族地区不同民族间的民族情感、民族历史、民族风俗习惯,尊重对不同民族情感的尊重,和谐融洽的民族关系是和谐语言生活的前提。

　　语言和谐是社会和谐的重要标志,我们重视少数民族语言的使用和发展,使母语与通用语能够长期共存,相互补足,努力实现母语和通用语"两全其美,和谐发展"的理想状态,让各民族多姿多彩的语言文化交相辉映,焕发出蓬勃的生机和活力。

参考文献

［1］孟连傣族拉祜族佤族自治县概况编写组《孟连傣族拉祜族佤族自治县概况》，云南民族出版社，1986年。

［2］拉祜族简史编写组《拉祜族简史》，云南人民出版社，1986年。

［3］云南省澜沧拉祜族自治县志编纂委员会编纂《澜沧拉祜族自治县志》，云南人民出版社，1996年。

［4］政协澜沧拉祜族自治县委员会《拉祜族史》，云南民族出版社，2003年。

［5］中国大百科全书总编辑委员会、中国大百科全书编辑部编《语言文字百科全书》，中国大百科全书出版社，1994年。

［6］刘劲荣编著《拉祜族民间文学概论》，云南民族出版社，1998年。

［7］王正华、和少英《拉祜族文化史》，云南民族出版社，1999年。

［8］戴庆厦、关辛秋《第二语言习得中的语法"空缺"》，《语言教学与研究》2002年第5期。

［9］戴庆厦主编《澜沧拉祜族语言使用现状及其演变》，商务印书馆，2011年。

［10］戴庆厦主编《中国少数民族语言研究60年》，中央民族大学出版社，2009年。

［11］王远新《中国民族语言学史》，中央民族学院出版社，1993年。

［12］王远新主编《语言田野调查实录（三）》，中央民族大学出版社，2009年。

［13］张阳《无边青草香，漫漫调查路——内蒙古自治区呼伦贝尔市语言使用及语言态度调查》，王远新主编《语言田野调查实录（四）》，中央民族大学出版社，2010年。

［14］丁石庆主编《莫旗达斡尔族语言使用现状与发展趋势》,商务印书馆,2009 年。

［15］戴庆厦《两全其美,和谐发展——解决少数民族双语问题的最佳模式》,《中央民族大学学报》2011 年第 5 期。

［16］戴庆厦《论"科学保护各民族语言文字"》,《语言文字应用》2013 年第 1 期。

［17］戴庆厦《语言竞争与语言和谐》,《语言教学与研究》2006 年第 2 期。

［18］陈梅、田振清《内蒙古自治区农村(牧区)基础教育信息化建设中存在的问题与思考》,《民族教育研究》2002 年第 4 期。

图书在版编目（CIP）数据

澜沧拉祜族与新右旗蒙古族语言使用调查研究／杨
媛媛著. －－ 上海：上海古籍出版社，2024. 12.
ISBN 978－7－5732－1436－2

Ⅰ. H211

中国国家版本馆 CIP 数据核字第 202452WQ55 号

澜沧拉祜族与新右旗蒙古族语言使用调查研究

杨媛媛　著

上海古籍出版社出版发行

（上海市闵行区号景路 159 弄 1－5 号 A 座 5F　邮政编码 201101）

（1）网址：www.guji.com.cn

（2）E-mail：guji1@guji.com.cn

（3）易文网网址：www.ewen.co

浙江临安曙光印务有限公司印刷

开本 890×1240　1/32　印张 6.75　插页 2　字数 164,000

2024 年 12 月第 1 版　2024 年 12 月第 1 次印刷

ISBN 978－7－5732－1436－2

H·286　定价：52.00 元

如有质量问题,请与承印公司联系